中华复兴之光
千秋名胜古迹

原始文化遗址

李姗姗 主编

汕头大学出版社

图书在版编目（CIP）数据

原始文化遗址 / 李姗姗主编. -- 汕头 ： 汕头大学
出版社，2017.1（2023.8重印）
　　（千秋名胜古迹）
　　ISBN 978-7-5658-2832-4

　　Ⅰ．①原… Ⅱ．①李… Ⅲ．①远古文化－文化遗址－
介绍－中国 Ⅳ．①K878

中国版本图书馆CIP数据核字（2016）第293973号

原始文化遗址　　　　　YUANSHI WENHUA YIZHI

主　　编：李姗姗
责任编辑：宋倩倩
责任技编：黄东生
封面设计：大华文苑
出版发行：汕头大学出版社
　　　　　广东省汕头市大学路243号汕头大学校园内　邮政编码：515063
电　　话：0754-82904613
印　　刷：三河市嵩川印刷有限公司
开　　本：690mm×960mm　1/16
印　　张：8
字　　数：98千字
版　　次：2017年1月第1版
印　　次：2023年8月第4次印刷
定　　价：39.80元
ISBN 978-7-5658-2832-4

前言

党的十八大报告指出："把生态文明建设放在突出地位，融入经济建设、政治建设、文化建设、社会建设各方面和全过程，努力建设美丽中国，实现中华民族永续发展。"

可见，美丽中国，是环境之美、时代之美、生活之美、社会之美、百姓之美的总和。生态文明与美丽中国紧密相连，建设美丽中国，其核心就是要按照生态文明要求，通过生态、经济、政治、文化以及社会建设，实现生态良好、经济繁荣、政治和谐以及人民幸福。

悠久的中华文明历史，从来就蕴含着深刻的发展智慧，其中一个重要特征就是强调人与自然的和谐统一，就是把我们人类看作自然世界的和谐组成部分。在新的时期，我们提出尊重自然、顺应自然、保护自然，这是对中华文明的大力弘扬，我们要用勤劳智慧的双手建设美丽中国，实现我们民族永续发展的中国梦想。

因此，美丽中国不仅表现在江山如此多娇方面，更表现在丰富的大美文化内涵方面。中华大地孕育了中华文化，中华文化是中华大地之魂，二者完美地结合，铸就了真正的美丽中国。中华文化源远流长，滚滚黄河、滔滔长江，是最直接的源头。这两大文化浪涛经过千百年冲刷洗礼和不断交流、融合以及沉淀，最终形成了求同存异、兼收并蓄的最辉煌最灿烂的中华文明。

五千年来，薪火相传，一脉相承，伟大的中华文化是世界上唯一绵延不绝而从没中断的古老文化，并始终充满了生机与活力，其根本的原因在于具有强大的包容性和广博性，并充分展现了顽强的生命力和神奇的文化奇观。中华文化的力量，已经深深熔铸到我们的生命力、创造力和凝聚力中，是我们民族的基因。中华民族的精神，也已深深植根于绵延数千年的优秀文化传统之中，是我们的根和魂。

　　中国文化博大精深，是中华各族人民五千年来创造、传承下来的物质文明和精神文明的总和，其内容包罗万象，浩若星汉，具有很强文化纵深，蕴含丰富宝藏。传承和弘扬优秀民族文化传统，保护民族文化遗产，建设更加优秀的新的中华文化，这是建设美丽中国的根本。

　　总之，要建设美丽的中国，实现中华文化伟大复兴，首先要站在传统文化前沿，薪火相传，一脉相承，宏扬和发展五千年来优秀的、光明的、先进的、科学的、文明的和自豪的文化，融合古今中外一切文化精华，构建具有中国特色的现代民族文化，向世界和未来展示中华民族的文化力量、文化价值与文化风采，让美丽中国更加辉煌出彩。

　　为此，在有关部门和专家指导下，我们收集整理了大量古今资料和最新研究成果，特别编撰了本套大型丛书。主要包括万里锦绣河山、悠久文明历史、独特地域风采、深厚建筑古蕴、名胜古迹奇观、珍贵物宝天华、博大精深汉语、千秋辉煌美术、绝美歌舞戏剧、淳朴民风习俗等，充分显示了美丽中国的中华民族厚重文化底蕴和强大民族凝聚力，具有极强系统性、广博性和规模性。

　　本套丛书唯美展现，美不胜收，语言通俗，图文并茂，形象直观，古风古雅，具有很强可读性、欣赏性和知识性，能够让广大读者全面感受到美丽中国丰富内涵的方方面面，能够增强民族自尊心和文化自豪感，并能很好继承和弘扬中华文化，创造未来中国特色的先进民族文化，引领中华民族走向伟大复兴，实现建设美丽中国的伟大梦想。

目 录

长江流域

长江流域

　　长江干流和支流流经我国广大地区，横跨我国西部、中部和东部共计19个省、市、自治区。长江流域雨量丰富，气候温暖湿润，农作物生长期长，非常适合人类生存。因此，它是中华文化的重要发源地。

　　长江流域分布着很多新石器时期的原始文化遗址，它们在源远流长的中华文明史中占据着不可忽视的地位。比如彭头山文化、大溪文化、河姆渡文化、良渚文化、屈家岭文化、宝墩文化、营盘山文化等。

南方最早的彭头山文化

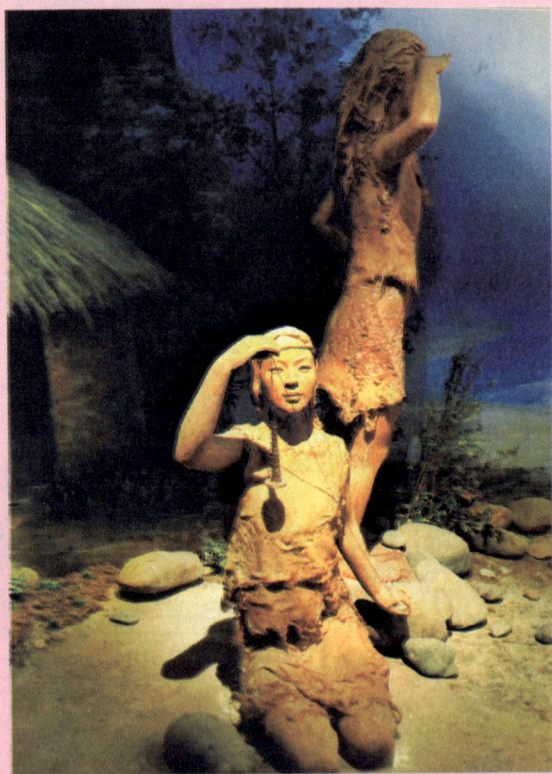

彭头山文化处于长江流域，位于湖南省北部澧县大坪乡孟坪村境内。它是我国南方最早的新石器时代遗址，是我国史前文化的代表。

彭头山文化主要分布在洞庭湖西北的澧水流域，仅发现于澧县境内。被确认属于彭头山文化的遗址有彭头山、八十垱、李家岗等10多处。

澧阳平原属于河湖冲

积平原，是湖南境内最大的平原之一，是一个介于武陵山余脉与洞庭湖盆地之间的过渡地带，它东连湖区，西北邻近山地。

彭头山古文化遗址位于澧阳平原中部，是一处高出四周地的圆形丘岗，东南是澧县县城。周围地势开阔平坦，西面和南面有一些澧水的支流涔河的小支流。

彭头山文化遗址属新石器时代早期遗址，大致呈长方形。据考察，遗址有地面式、浅地穴式建筑遗迹和以小坑二次埋葬为主的墓葬18座。

彭头山文化遗址城内分布着成排的房屋，其中有我国最早的高台建筑，城外是一圈壕沟环绕。它很可能是我国后来夯土城址的雏形。

彭头山文化分7个文化层。发现了一批居住房址，出土的文物有新石器时代早期的打制石器和细小燧石器，以及夹炭红褐陶、夹砂红褐陶和泥质红陶。

彭山头遗址出土的几件陶器比较原始，制作工艺古朴简单，器坯均使用了原始的泥片贴塑法，胎厚而不匀。

彭头山文化遗址中大部分陶器的胎泥中夹有炭屑，一般呈红褐色或灰褐色。器类不多，主要是深腹罐与钵，普遍装饰粗乱的绳纹、刻画纹，器形有圆底罐、钵、盆。而且红陶已饰有太阳月亮纹，其历史价值和研究价值极高。

彭头山文化遗址的石器由大型打制石器、细小燧石器、磨制石器三大部分组成，并以打制石器占绝对多数，既有大型砾石石器，也有黑色细小隧石器，另有少量石质装饰品。与本地旧石器时代晚期的传统区别不大。

大型打制石器制作粗糙，没有固定的形状，作用多是用来砍砸东西，形制有石核、砍砸器、穿孔盘状器、刮削器和石片石器等；细小燧石器也缺少正规的样式，功用应该是以切割和刮削为主，器形有石片和刮削器。

彭头山文化遗址石器中的磨制工具不仅数量极少，且种类单纯、体型偏小，常见一种既可以叫作斧又可以叫作锛的器形，双面刃。还有个别石杵和石棒，它们可能是食物加工工具。

在彭头山文化的晚期，磨制石器有了明显的进步，一是数量有所增加，二是出现了较大型的斧。

彭头山文化遗址骨木器发现的数量和种类都十分稀少，而且造型简单，制作加工粗糙原始。骨器有小型和大型斜刃锥形器，前者为掌上型工具，功用为采掘和开挖小洞坑；后者可以捆缚上木棒而构成复合工具，可用于取土或开沟。木器有钻、杵、耒等。

在彭头山文化遗址中，首次发现了超过9000年至8000多年的世界上已知最早的稻作农业资料，陶器泥料中也普遍发现稻作遗存。

在显微镜下，可清楚地看到陶器胎壁中有大量的炭化稻谷谷粒和稻壳。将稻壳作为陶胎的主要掺和料之一，是彭头山文化陶器的一大明显特征。

广泛流传于洞庭等地的系列神话，暗示了生活在彭头山文化遗址的原住民三苗率先发现野生稻并进行人工栽培。从农业起源的角度看，它们都应是早期形态栽培稻，为确立长江中游地区在我国乃至世界稻作农业起源与发展中的历史地位奠定了基础。

值得一提的是，这里从遗址边缘古河岸坡下含古生活垃圾的淤积土中发现了数以万计形态完好无损的稻谷和米粒，许多谷粒上还带有芒；另有莲藕等。

　　总结起来，在彭头山文化时期，经济生活中特别值得一提的重大事件首推就是水稻种植。其经济特征为采集、渔猎在经济生活中居主导地位，兼有水稻种植与家畜饲养。

知识点滴

　　1988年秋，发掘彭头山遗址时，人们在出土的器物陶片及红烧土中见到众多的炭化稻壳。当年，有学者发表了《彭头山文化的稻作遗存与中国史前稻作农业》一文，在简要介绍彭头山文化稻作遗存与经济生活的基础上，探讨了我国稻作农业的若干问题。

　　文章从彭头山文化的稻作农业与经济生活、关于我国稻作农业的起源、我国史前稻作农业的发展阶段几个方面阐述证明了彭头山文化中的稻作农业对中国史前农业研究的重要价值。

　　1989年冬，试掘李家岗遗址时，又在陶片中观察到大量炭化稻壳；1990年夏，小面积试掘曹家湾遗址时，在出土的陶片中发现稻壳遗痕；在下刘家湾遗址采集到的陶片中也发现稻谷遗痕；1993年至1997年，发掘八十垱遗址时，不仅在出土的陶片中观察到炭化稻壳，还在遗址中出土了大量炭化的稻草、稻壳和稻谷。

父系氏族的萌芽大溪文化

　　大溪文化是我国长江中游地区的新石器时代文化，因位于重庆市巫山县大溪遗址而得名。其分布东起鄂中南，西至川东，南抵洞庭湖北岸，北达汉水中游沿岸，主要集中在长江中游西段的两岸地区。放射性碳素断代并经校正的年代，为公元前4400年至公元前3300年。

　　巫山县历史文化悠久，古代神话中的巫山神女，也称巫山之女。传说为天帝之女，一说为炎帝之女，本名瑶姬，未嫁而死，葬于巫山之阳，因而为神。

战国时楚怀王游高唐，梦与神女相遇，神女自荐枕席，后宋玉陪侍楚襄王游云梦时，作《高唐赋》与《神女赋》追述其事，摘绘神女为"旦为朝云、暮为行雨"的美貌仙女。

因此，巫山神女的传说和大溪文化的发现，都印证了早在远古时期这里就有人类生活。

大溪文化的发现，揭示了长江中游的一种以红陶为主并含彩陶的地区性文化遗存。属母系氏族晚期至父系氏族的萌芽阶段，是我国著名的原始社会古文化遗址之一。

大溪遗址位于长江瞿塘峡南侧，后在西陵峡又发现几处同类遗址。大溪文化可归纳为3期：

早期以夹炭红陶最多，戳印纹简单、细小，彩陶极少，以折肩圈足罐、三足盘、鼓形器座等为代表。

中期戳印纹最发达，彩陶兴盛，常见内折沿圈足盘、簋、高把豆、折腹盆、曲腹杯、筒形瓶等。

晚期则以泥质陶占绝对优势，灰陶和黑陶剧增，有细颈壶、折敛口圈足碗等。

大溪文化的陶器以红陶为主，外表普遍涂有红衣，有些因扣烧而外表为红色，器内为灰色和黑色。盛行圆形、长方形和新月形等戳印纹，一般成组印在圈足部位。

其中有少量彩陶，多为红陶黑彩，常见的是绳索纹、横人字形纹、条带纹和漩涡纹。主要器形有釜、斜沿罐、小口直领罐、壶、钵、豆、簋、圈足盘、圈足碗、筒形瓶、曲腹杯、器座、器盖等。

以白陶和薄胎彩陶最为突出，代表了较高的工艺水平。在白陶圈足盘上，通体饰有类似浅浮雕的印纹，图案复杂精细。薄胎细泥橙黄色的彩陶单耳杯和圈足碗，绘以棕红色的多种纹样，显得精美别致。

石器中两侧磨刃对称的圭形石凿颇具特色。有很少穿孔石铲和斜双肩石锛。偶见的巨型石斧。同时，有相当数量的石锄和椭圆形石片切割器等打制石器。另有大量的实心陶球和空心裹放泥粒的陶响球。

大溪文化流行红烧土房屋并较多使用竹材建房。葬式复杂多样，跪屈式、蹲屈式的仰身屈肢葬是该文化的特殊葬俗。

大溪文化居民以稻作农业为主。在房屋建筑遗迹的红烧土块中，经常发现稻草、稻壳印痕。红花套遗址的稻壳印痕经鉴定为粳稻。

大溪文化居民除饲养猪、狗外，鸡、牛、羊可能也已成为家禽家畜。同时，渔猎、采集等辅助经济仍占一定比重。特别是在大溪有些地段的文化层内，夹杂较多的鱼骨渣和兽骨，包括鱼、龟、鳖、蚌、螺等水生动物以及野猪、鹿、虎、豹、犀、象等的遗骸。

在大溪文化遗址中，一直没有发现成批的或数量较多的收割农作物的工具，为数甚少的石刀、蚌镰显然主要不是为了收割水稻使用的，而是用于采集活动。

这种现象表明大溪氏族部落收割稻谷不是像黄河流域那样用刀割粟、黍穗头，也不是连杆割取，而是在田间带莛薅拔，再捆扎成把晾晒。

稻谷去壳加工，主要用杵和臼。在许多遗址中发现了舂米用的陶臼和一些直接利用形体合适的河卵石做成的石杵。

大溪文化手工业主要是制陶业和石器制造业。长江中游氏族部落当时制陶业有其自身的创造。大溪文化遗址火膛上未见窑箅，在高出火膛处围绕窑壁一周有平台，构成窑室。待烧制的陶器就摆放在平台上。这种陶窑使用的材料和构筑形式，在中国新石器时代尚属少见。

大溪文化共有300余座墓葬。其中大溪墓地最多，人骨保存较好。该墓地死者头向普遍朝南，除个别为成年女性和儿童的合葬墓外，绝大多数实行单人葬。葬式一类为直肢葬，数量占半数以上，以仰身直肢为主。

绝大多数墓都有随葬品，最多的有30余件。其中，女性墓一般比男性墓随葬品多。很多石镯、象牙镯等饰物，出土时还佩戴在死者的臂骨上。

大溪遗址早晚两期墓葬所反映的社会性质，有很大的变异。大溪文化的早期为母系氏族公社的繁荣阶段，晚期为父系氏族公社的萌芽阶段。

大溪文化与中原地区的仰韶文化，都是新石器时期不同类型的重要文化遗存，它们之间存在相互交流影响的因素。

目前，学术界认为大溪文化与屈家岭文化是同一文化类型两个不同发展阶段，其中，屈家岭文化是在大溪文化的基础上发展起来的。

约在20世纪70年代初期，郭沫若把其称为"大溪文化"。迄今发掘的主要遗址还有湖北宜都红花套遗址、枝江关庙遗址、江陵毛家山遗迹、松滋桂花树遗迹、公安王家岗遗迹、湖南澧县三元宫遗迹和丁家岗遗迹、安乡汤家岗遗迹和划城岗遗迹等10多处。

1973年在大溪文化的红花套遗址发现了两处保存较好的地白。这一考古发现，证实了《周易·系辞下》关于上古时代"断木为杵，掘地为白"的记载。

2007年，重庆东南酉阳县酉酬水电站工程库区也首次发现大溪文化遗址，出土了典型的大溪文化中期双人合葬墓葬等珍贵遗迹遗物。已清理出墓葬和柱洞等建筑遗迹。

其中，墓葬为椭圆形双人合葬墓，左边为侧身屈肢，右边为仰身屈肢，是典型的大溪文化中期墓葬。这是首次在渝东南地区发现大溪文化遗址，也是首次在酉水上游发掘出大溪文化遗址，这为研究大溪文化的分布范围和扩展提供了新的素材。

知识点滴

成都平原最早的宝墩文化

　　宝墩文化是发现于四川省新津县宝墩的新石器时代文化，距今4500年左右，是成都平原能追溯到的最早的人类古文化。

　　宝墩遗址既是这一时期成都平原时代最早的古城址的典型，也是四川跨进文明门槛的历史见证。宝墩文化的发现，对了解夏商时代三星堆文明意义重大。

宝墩文化是文明孕育时期的文化，可能是由营盘山文化发展而来的。宝墩文化在其自身的发展过程中，陶器制作工艺有所创新，同时还可能接受了其他文化的影响。

宝墩村地形奇特，在绿色沃野上凸现出一圈不规则的脊梁似的黄土埂子。埂内阡陌纵横，沟渠交错。沟底和两侧往往会发现一些散碎的砖瓦器物。

而这圈黄土埂子圈起的地方，就是距今约四五千年的古城遗址，散碎的砖瓦器物则是蜀地先民早在四五千年前就进入文明的物证。

宝墩文化遗址主要分布于新津宝墩、温江鱼凫城、郫县古城、都江堰、芒城、崇州双河古城址处，这些地方共同组成了成都平原距今四五千年的古城址群。

宝墩文化遗址的6个古城均建在成都平原上河流间的台地上，城墙的长边往往与河流及台地的走向一致，城址均呈长方形或近方形，既有利于防洪也便于设防。其中鱼凫城保存较差，似乎近于六边形，其保存最长的南墙也与附近的现代河流遥相平行。

　　城墙建筑都是采用"双向堆土、斜向拍夯"的办法，与三星堆古城的做法有明显的承袭关系。从宝墩、鱼凫、郫县古城三座城址的发掘看，城墙由平地起建，先在墙中间堆筑数层高后，再由两边向中间斜向堆筑，堆放一大层土即行拍夯，城内侧的斜坡堆筑层次多，故坡缓；城外侧的堆筑层次少，故坡略陡。

　　城址的格局因地而异。处在成都平原内部的宝墩古城最大，城墙圈面积约60万平方米；鱼凫城约40万平方米；郫县古城约31万平方米。而在成都平原西北边缘近山地带的城较小，而防卫功能更突出，城墙均分内、外两圈，呈"回"字形。

处在成都平原腹心地带的城址，其中心部位都发现大型建筑基址。如宝墩古城址中部有一处高出周围地面的台地上，有房子基槽和密集的柱洞。

在郫县古城城址的中心位置也发掘出特大型建筑"郫县大房址"。建筑与城墙走向一致，面积约550平方米。在房子里基本等距离地分布着5个用竹编围成的卵石台基。此房址基本上没有发现多少生活设施，偌大的建筑物里面只有醒目的5个坛台，显然是一处大型的礼仪性建筑——庙殿。

对这6座古城研究证明：它们与三星堆遗址的第一期属于同期文化，它不仅大大丰富了三星堆一期的文化内涵，能够再细分为若干期，并且可与以三星堆古城为代表的夏商时期的三星堆文化或古蜀文明相衔接起来。

宝墩文化遗址的生产工具主要是石器和陶器，主要以绳纹花边陶、敞口圈足尊、喇叭口高领罐、宽沿平地尊为标志。

《山海经》中记载：

> 东海之外，大壑，少昊之国。少昊孺帝颛顼于此，弃其
> 琴瑟。……长流之山，其神白帝，少昊居之。其兽皆文尾，
> 其鸟皆文首，是多文玉石。实惟员神石鬼氏之宫，是神也，
> 主司反景。

这里的员神石鬼氏即为少皞，它由东方的太阳神变成了落日之神。少皞原来的居住地，在他迁移后，他的余部建立起了少皞之国。

当少皞西迁之后，氏族将原来东方的地名也带到了西方，所以在后代传说中，东西方均有所谓的扶桑、穷桑等地名，这些都与这场氏族大迁移有关。

山东龙山文化中东夷文明与四川盆地宝墩文化尤其是其后续的三星堆遗址文化，见证了我国东部与西部的太阳崇拜文化的密切关系，从看

似荒诞的神话故事中看到了东夷部族的迁徙，将文明沿黄河跨过中原地区传播到川蜀之地。

据史料考证，少皞部族是由东部沿海迁徙到鲁西南一带，从神话故事里可以看到少皞部族及东夷文明向西的扩展，直至川蜀，停下来并且得到继续的发展，几乎相同的太阳崇拜、鸟图腾、十日传说证明了其传承关系。

所以，川蜀宝墩文化尤其是三星堆文明应当是山东地区龙山文化东夷文明的传承。

1995年，成都市文物考古研究所、四川大学考古系及日本早稻田大学联合对宝墩村进行考古发掘，短短4个月就有了轰动性的发现：黄土埂子圈起的地方是距今四五千年的古城遗址，散碎的砖瓦器物是蜀地先民早在四五千年前就进入文明的物证，比三星堆和金沙遗址年代还要早，属成都平原古蜀文明的最早阶段。

从此，由四川省成都市文物考古队与四川联合大学考古教研室等单位在新津宝墩、温江鱼凫城、郫县古城、都江堰、芒城，然后又在崇州双河等遗址调查发掘，证实成都平原首次发现了距今四五千年的古城址群。按考古学文化命名规则，专家将这种文化称为"宝墩文化"。

知识点滴

巴蜀文明源头的营盘山文化

　　营盘山文化是发现于四川省阿坝州茂县凤仪镇境内营盘山的一处新石器时代文化，距今约6000年至5500年。该遗址是岷江上游地区发现的地方文化类型遗址中面积最大、遗存最为丰富的遗址，它代表了5000年前藏彝走廊地区文化发展的最高水准。

营盘山遗址群不仅将巴蜀文明的历史渊源推进至6000年前；也为探索辉煌的三星堆和金沙文明的源头提供了新的线索。

营盘山文化遗址发现的遗物包括四川地区发现的最早的陶质雕塑艺术品，时代最早的人工使用的朱砂，长江上游地区发现的时代最早及规模最大的陶窑址等，它们是研究古代文化传播、民族形成、迁徙、交融以及与成都平原和三星堆联系的桥梁。

营盘山又名红旗山，也称为云顶山，位于茂县县城南方，系岷山山脉老人山在西南麓向岷江河谷延伸部分的二级台地，它南北走向，南窄北宽，形似马蹄。岷江从东北面、背面、西面三面呈几字形将营盘山环抱。

传说很久很久以前，营盘山山脚下老寨沟住着一个道人，他养了一条石龙，石龙吃的是沙溪的沙水和路边的黑石。老道来了以后，老寨沟就改名叫老道沟了。他的石龙温顺慈爱，经常呼风唤雨为营盘山一带造福。

河的对面是老鸹沟，也有一个道士，养了一条白龙，白龙嫌老鸹沟的螃蟹少，吵着跟道士要饭吃，道士只好打造一个特大号的甑子给它甑饭吃，老鸹沟前面就取名为饭甑子了。

只要白龙喊饿，就兴风作浪，危害一方百姓，下北街一年都要被水淹几回；白龙吃饱喝足后，还经常飞过河与石龙争斗。

有一天，它们约定在龙王庙前决斗，石龙过江后，就留下了一座大水坝。白龙张牙舞爪扑上来，石龙义愤填膺迎上去，两个拼杀得飞沙走石，天昏地暗。

经3天苦战，石龙体力不支，悲壮而亡，龙袍留在老道沟化为龙鳞石，龙角甩向河口化为龙石包，龙身抛在河边化为马脑滩。

而白龙因为作恶多端，被石龙的师父镇压在了营盘山下岷江的江底下。

岷江上游地区共发现80多处新石器时代文化遗址及遗物采集点。其中在营盘山遗址获得了非常丰富的实物资料，发现的新石器时代遗迹包括房屋基址9座、墓葬及殉人坑5座、灰坑80余个、灰沟4条、窑址及灶坑等，还在遗址中西部发现一处大型的类似于广场的遗迹。

其中，灰坑的平面形状有椭圆形、长方形、扇形等种类，一些灰坑底部及四周采用卵石垒砌而成，推测应是进行石器加工的场所或有其他用途。个别灰坑内还发现涂有鲜红色颜料的石块，可能具有某种宗教含义。

而大型广场遗迹的硬土面之下发现有多座奠基性质的殉人坑，表明这里应是举行祭祀等重大活动的场所。

从遗址内发现的相关遗迹和遗物中，可以推测营盘山先民以定居农耕业为主要生活方式。遗址内圆形袋状灰坑应为用于贮藏粮食或其他物品的窖穴，表明当时农产品的数量已较为丰富。

营盘山文化遗址的陶器中有相当数量的酒具类器物，如制作精美的彩陶壶、彩陶瓶、杯、碗等，据此推测营盘山先民可能已掌握了酿酒技术并开始进行生产。

同时，狩猎、采集和捕捞业也是营盘山先民以农耕业为主业的经济生活的不可或缺的补充内容。岷江弯曲的河道形成了较大面积的回水湾区，河水流速减缓，其中的浅水区域是理想的捕捞作业场所。遗址出土有数量丰富的狩猎所用的石球、磨制精细的石质和骨质箭镞等遗物。

营盘山文化遗址中还有数量众多的细石叶、细石核及小石片石器，质地以黑色及白色半透明的燧石、白色的石英和透明的水晶为主，细石器制作工艺成熟，选材精良。

细石器多为复合工具的组成部分，常用来剥离加工兽皮，细石器工艺与狩猎、畜牧经济有密切联系。另外，遗址中还有亚腰形的打制石网坠，当为捕捞渔业的实物例证。

营盘山遗址的细石器及小石片石器具有地点集中化的特征，未经使用的成品石器、半成品石器和加工残片，多在几处填土呈灰黑色的大型灰坑内出土。

在营盘山遗址的灰坑底部发现有涂抹红色颜料的石块，经测试其成分以朱砂为主，另在部分陶器内壁也发现有同样的红色颜料，应为调色器的遗存。表明营盘山先民有尚红习俗，朱砂的具体用途可能与涂面、刷房等活动有关。这也是目前考古发现的最早使用朱砂涂红的实例。

营盘山遗址的陶器、玉器、石器、骨器、蚌器等类遗物总数近万件。陶器以平底器和小平底器为主，从陶质陶色来看，以夹砂褐陶、泥质褐陶、夹砂灰陶、泥质红陶、泥质灰陶、泥质黑皮陶为主。

其中夹砂陶可分为夹粗砂和夹细砂两种，以陶胎夹有颗粒粗大的片岩砂粒的陶片最具特色。其中彩陶器的器形有盆、钵、罐、瓶等，彩陶均为黑彩绘制，图案题材有草卉纹、变体鸟纹、蛙纹等。

人祭制度和猎头习俗是营盘山先民精神生活领域的重要内容之一。在遗址中部地带发现了一处面积不小于 200 平方米的类似广场的大型遗迹，坚硬的踩踏层之下发掘出 4 座人骨坑，其中 3 座均保存有较为完整的人骨架，应是具有奠基性质的人祭坑。

另一座仅见一件人头，该头骨已不见颅顶及上颌部分，剩余颅身及下颌部分，这种现象可能与原始社会常见的猎头习俗有关。在遗址中部偏东的房屋密集区附近也发现有 5 座奠基性质的人祭坑。

知识点滴

营盘山文化是我国 21 世纪重大考古发现之一。2000 年以来，成都市文物考古研究所会同阿坝州文管所、茂县羌族博物馆等文博部门对岷江上游地区进行全面、细致的考古调查，共发现 84 处新石器时代文化遗址及遗物采集点。

自 2003 年开始，在营盘山遗址进行为期 3 年的正式考古发掘，获得了非常丰富的实物资料，发现了新石器时代遗迹。

发掘结束后，组织各种规模、各种专题的专家论证研讨会，对考古成果进行科学研讨并以权威认证。同时，营盘山遗址申报了该年度全国十大考古新发现，并被省政府列为省级文物保护单位。2006 年首个中国文化遗产日，营盘山文化遗址被评为重点文物保护单位。

最古老的稻作河姆渡文化

河姆渡文化是发现于浙江省余姚市河姆渡镇金吾庙村的古老而多姿的新石器时代文化，主要分布在杭州湾南岸的宁绍平原及舟山岛，年代为公元前5000年至公元前3300年。是新石器时代母系氏族公社时期的氏族村落遗址，反映了7000年前长江流域氏族的情况。

河姆渡文化的发现，有力地证明了长江下游地区的新石器文化同样是中华文明的重要发祥地。它是代表我国古代文明发展趋势的另一条主线。为研究当时的农业、建筑、纺织、艺术等东方文明，提供了极其珍贵的实物佐证。

黑陶是河姆渡陶器的一大特色。河姆渡文化在人工制品上，石器数量较少，主要是石斧等打猎所用的工具，也有比较少的装饰品，更多的是木器和骨器。

河姆渡文化骨器制作比较进步，最具有代表性的是大量农业上使用的耒耜。有耜、鱼镖、镞、哨、匕、锥、锯形器等器物，精心磨制而成的有柄骨匕，骨笄上雕刻花纹或双头连体鸟纹图案，就像是精美绝伦的实用工艺品。尤其发现了我国最早的木制饰品"木雕鱼"。

在河姆渡还发现了我国最早的漆器，其陶器制作也有一定的水平。稻穗纹陶盆上印有稻穗的图案，弯弯的稻穗图案使人想象到河姆渡时期的人们已经开始了水稻的栽培。

较为特殊的陶器有陶灶和陶盉两种。陶灶发明后，解决了木构建筑内煮炊防火问题，是后世南方居民一直使用的缸灶的前身。而陶盉则被认为是古代的一种酒器。

河姆渡文化最重要的是发现了大量人工栽培的稻谷，遗址中有大量的稻壳，总量达到150吨之多，在已经碳化的稻壳中可以看到稻米，分析的结果确认这是7000年前的稻米。这是世界上最古老、最丰富的稻作文化遗址。

水稻的栽培，使社会上大量的余粮囤积成为可能，随之而来的是贫富差别的出现，因此文化的发展也进入了新的阶段。

河姆渡遗址发现稻谷数量之多、保存之完好，在世界上是绝无仅有的。它的发现，不但改变了我国栽培水稻从印度引进的传说，甚至还可以依此认为河姆渡可能是我国乃至世界稻作文化的最早发源地。

河姆渡文化的社会经济除了以稻作农业为主外，还兼营畜牧、采集和渔猎。在遗址中除稻谷、谷壳、稻杆、稻叶等作物遗存，还有其他许多植物遗存，如橡子、菱角、桃子、酸枣、葫芦和薏仁米与藻类植物遗存。

河姆渡遗址的动物遗存有羊、鹿、猴子、虎、熊等野生的，以及猪、狗、水牛等家养的牲畜。最具代表性的农具"骨耜"即采用鹿和水牛的肩胛骨加工制成。

骨耜通体光滑，有的刃部因长久与土壤摩擦而残缺或形成双叉、三叉式。这是一种很具特色的农业生产工具。这种制作方法为河姆渡文化遗址所特有。

河姆渡遗址共有骨耜170件之多，与数量巨大的稻谷堆积物相对应，说明河姆渡农业已从采集进入耜耕生产阶段。

　　遗址中所发现的柄叶连体木桨，证明那时已有舟楫的使用了，除用于交通外，可能也在渔猎活动中乘用。

　　河姆渡文化时期人们的居住地已形成大小各异的村落。在村落遗址中有许多房屋建筑基址。但由于该地是属于河岸沼泽区，所以房屋的建筑形式和结构与中原地区和长江中游地区发现的史前房屋有着明显的不同。

　　河姆渡文化的建筑形式主要是栽桩架板高于地面的干栏式建筑。干栏式建筑是我国长江以南新石器时代以来的重要建筑形式之一，以河姆渡发现最早。它与北方地区同时期的半地穴房屋有着明显差别，成为当时最具有代表性的特征。

　　河姆渡遗址中的许多桩柱、立柱、梁、板等建筑木构件，和加工成的榫、卯、企口、销钉等，显示了当时木作技术的杰出。

柱子两端凸出的小方形称为榫，柱上凿出可将榫插入的孔为卯。在垂直相交的构件接点上，使用榫卯结构技术。河姆渡遗址的发现把我国出现榫卯木作技术的时间从金属时代前推了3000多年。

遗址中所发现的企口板、销钉孔两种木构衔接法，令人惊叹不已，至今仍为木工工艺所沿用。河姆渡遗址的建筑技术，可说已为我国木结构建筑打下了基础。

根据木桩的排列与走向分析，当时的房屋呈西北、东南走向。房子的门开在山墙上，朝向为南偏东。它在冬天能够最大限度利用阳光取暖，夏季则起到遮阳避光的作用，因而被现代人所继承。

河姆渡时期的房屋建筑布局合理、设计科学、充分利用自然地理条件，使之有利于人类的生活和居住。

除建筑外，在遗址中还发现了最早的水井遗迹。河姆渡文化时期，居址周围河沼遍布，但水体与海水相通，致使盐分升高、苦涩而不堪饮用。所以水井的出现是人类为提高生活质量所作的努力，是人类本质所导致的。

河姆渡遗址中的纺轮、两端削有缺口的卷布棍、梭形器和机刀等，这些可能属于原始织布机的附件，显示新石器时代人们已经发明了原始的机械。

河姆渡遗址中相当多的骨哨，是一种乐器，也是一种狩猎时模拟动物声音的狩猎工具。

陶埙也是河姆渡的代表遗物，埙身呈鸭蛋形、中空，一端有一小吹孔，也是我国一种古老的乐器，只是河姆渡的陶埙只有吹孔而无音孔，可见它的原始。

河姆渡遗址的原始艺术品不仅数量大，而且题材广，造型独特，内容丰富多彩。主要表现在象牙雕刻、陶器纹饰上面，尤其是一些象牙雕刻器，线条流畅，造型美观，令人叹为观止。

人体装饰品有璜、管、珠、环、饼等，其中珠、环等饰品大多用玉和萤石制成，在阳光下闪烁着淡绿的光彩，晶莹美丽。还有一些以兽类的獠牙或犬牙、鱼类的脊椎骨制成的装饰品。

河姆渡遗址充分显示出我国南方长江流域在新石器时代中期文化的发展不亚于华北的文化，这可证明我国文化其实是多元发展，各有特色的。

河姆渡文化遗址在宁绍平原共有49处，其中以姚江两岸最密集，共有31处，重要遗址有余姚市丈亭镇鲻山遗址、三七市镇田螺山遗址、宁波江北区傅家遗址。

知识点滴

　　1976年，国家文物局、浙江省文化局在杭州召开"河姆渡遗址第一期发掘工作座谈会"，与会专家学者认为河姆渡遗址的发现，证明在7000年前长江流域同样有着繁荣的原始文化，与黄河流域一样都是中华民族远古文化的发祥地，它是新中国成立以来最重要的考古发现，一致同意了对"河姆渡文化"的命名。

　　1977年至1978年第二次对河姆渡遗址作发掘并获得一批研究资料。据放射性碳素断代，年代约为公元前5000年至前3300年。河姆渡文化分早、晚期。早期为约公元前5000年至前4000年。晚期为约公元前4000年至前3300年。

太湖流域源头的马家浜文化

马家浜文化是发现于浙江省嘉兴市马家浜的新石器时代文化。主要分布在太湖地区，南达浙江的钱塘江北岸，西北到江苏常州一带。

据放射性碳素断代并经校正，年代约始于公元前5000年，距今7000余年的历史，到公元前4000年左右发展为崧泽文化。

马家浜文化及其后续的崧泽文化和良渚文化的发现与确立，表明我国太湖地区的新石器文化源远流长、自成系统，并具有鲜明的地域特色。这证明了长江流域和黄河流域同是中华民族文化起源的摇篮。

马家浜遗址位于嘉兴县西南，表土层下文化层分上下两层：

上层以灰黑色黏土为主，并有红烧土层和淤泥层，包含物有兽骨、石锛、砺石、骨镞和各种质地的陶片，还有建筑遗迹，建筑夯土中伴有印纹陶、原始青瓷、红陶、黑陶和石器、铜镞、玉璜等，最晚的是印纹陶和原始陶。

下层为含有大量腐烂的兽骨碎片的黑色黏土，包含的兽骨比上一层更多，还有骨管、骨锥、骨针、骨镞以及石斧、砺石和陶片等。

在马家浜遗址上下层交接处的淤泥中发现了墓葬，墓葬中有30具人骨架，其中6具身旁伴有随葬品，生产工具置于腰部，装饰品置于头部，陶器位置不一。

从墓葬中的器物和各种遗迹来看，马家浜文化确实是一种与黄河流域原始文化不同的文化形态。

马家浜文化遗址除了马家浜之外，还有余杭吴家埠遗址、常州圩墩遗址等地，这些文化遗址有力地证实了马家浜文化是长江中下游、环太湖流域新石器时代早期文化代表。由此，将马家浜文化扩展至太湖地区，南达浙江的钱塘江北岸，西北到江苏常州一带的广大地区。

马家浜文化居民主要从事稻作农业，多处遗址中出土稻谷、米粒和稻草实物，经鉴定，已普遍种植籼、粳两种稻。罗家角第三、四层出土的粳稻，年代在公元前5000年左右，是我国发现的最早的粳稻遗存。

马家浜文化的居民还饲养猪、狗、水牛等家畜。草鞋山遗址中发现的狗的头骨，介于狼和现代狗之间，说明狗是从狼驯化而来，在这时已经成为家畜。

渔猎经济也在马家浜文化时期占重要地位，遗址中常发现骨镞、石镞、骨鱼镖、陶网坠等渔猎工具，以及陆生、水生动物的遗骸。骨镞以柳叶形的居多，十分尖锐锋利。

在一些遗址中还发现有野生的桃、杏梅的果核和菱角等，这些是人们从事采集活动的例证。

草鞋山遗址发现了公元前4000多年的5块残布片，经鉴定，原料可能是野生葛。花纹有山形斜纹和菱形斜纹，组织结构属绞纱罗纹，嵌入绕环斜纹，远比普通平纹麻布进步。这是我国最早的纺织品实物。

遗址多处房屋残迹已有榫卯结构的木柱，在木柱间编扎芦苇后涂上泥，就成了墙；用芦苇、竹席和草束来铺盖屋顶；居住面经过夯实，内拌有砂石和螺壳；有的房屋室外还挖有排水沟。

马家浜文化多红色陶器，腰檐陶釜和长方形横条陶烧火架炉箅是马家浜文化独特的炊具。但是马家浜文化制陶业的发展还处于比较落后的阶段。

马家浜文化在手工业生产中，玉石器制造技术发展较快，许多遗址都发现了制作精美的玉器，这一时期的玉器工业发展，为其后崧泽文化和良渚文化玉器的辉煌成就奠定了基础。

例如马家浜遗址的玉玦呈淡褐色，圆管形，顶部有缺口，可夹于耳垂作装饰之物。另外还有青灰色的，也是圆管形，顶部也有缺口。

同时，在马家浜遗址还发现了几件残缺的玉璜，也都表现出古朴而精美的特质。

1959年初春，嘉兴南湖乡天带桥马家浜地方在沤肥挖坑中发现大量兽骨和古代遗物。浙江省文物管理委员会组成考古队进行了发掘。发现有与邱城下层同类的遗物并有房基、墓葬等遗迹。

马家浜遗址的发掘，引起了国内外考古界的重视。1959年，新华社发布了消息，并记入《中华人民共和国要闻录》。

1977年在南京召开的长江下游新石器时代学术讨论会上，夏鼐等考古学家认为长江流域和黄河流域同是中华民族文化起源的摇篮，并确认嘉兴马家浜遗址为代表的马家浜文化是长江下游、太湖流域新石器时代早期文化的代表，从此，马家浜文化正式定名。

马家浜文化已载入《大不列颠百科全书》《中国大百科全书》，确定了它在史前文化考古中的地位。

知识点滴

东南沿海的跨湖桥文化

　　跨湖桥文化发现于浙江省萧山区，是我国乃至世界的优秀文化遗产，也是萧山人民引以为傲的宝贵财富，它创造了世界上最早的独木舟、世界上最早的漆弓等多个"文化之最"，有着8000年的历史，它将浙江的文明史整整向前推进了1000年。

　　萧山区位于钱塘江南岸，属古越地。公元2年建县，称余暨，东吴黄武年间改为永兴。相传越王为强大的吴国所逼迫，只剩少数兵卒驻留在县西一里的西山上，四顾萧然，所以称该山为萧山，又叫萧然山，萧山区名由此而来。

萧山中部，有一个著名的湖泊，叫湘湖。湘湖的南、北部还有相互通连的两个湖泊，为临浦和渔浦。人类在此生存繁衍，治水防涝是不可少的。

湘湖成湖于宋代，由于长期湖底淤泥沉积，遗址表土厚达三四米，因而遗址内的文物保存比较完整。

跨湖桥遗址600多平方米，文物无数，包括陶器、石器、木器、骨角器、人工栽培水稻等文化以及非常丰富的动物遗骨。还发现了建筑遗迹、灰坑等。经测定，在8000年至7000年间。

跨湖桥遗址中还发现了独木舟及与其相关遗迹。年代约在8000年前，是我国发现最早的独木舟及相关遗迹。

跨湖桥文化与河姆渡文化、良渚文化、马家浜文化形成一个系列，把浙江文明史前移1000年，杭州因此成为中华文明发祥地之一。

湘湖地区的跨湖桥文化遗址中，以釜、钵、圈足盘、罐为代表的陶器群，不见于江南其他新石器遗址出土的特殊性器物如线轮等，都说明了跨湖桥文化类型的独特性。其中出土的陶器，甚至比晚了1000年、百里之外的河姆渡更为先进。

跨湖桥文化共创造了"十个之最"，除了世界上最早的独木舟之外，还包括世界上最早的漆弓、我国最早的"草药罐"、我国最早的慢轮制陶技术、我国最早的水平踞织机、我国最早的甑、长江下游地区最早的栽培稻、江南地区最早的席状编织物、中国南部地区最早的彩陶、中国南部地区最早的家猪，使萧山拥有了8000年人文历史底蕴。

早在8000年前，跨湖桥先民就在萧山这片神奇的土地上，用勤劳和智慧谱写了光辉璀璨的史前文明，因此跨湖桥文化是我国乃至世界的优秀文化遗产，也是萧山人民引以为傲的宝贵财富。

知识点滴

1990年，萧山市文物管理委员会，在湘湖区域的城厢砖瓦厂取土工地发现了一处史前遗址，由于遗址的位置处在古湘湖中的跨湖桥畔，就把遗址定名为"跨湖桥遗址"。

2004年，北京大学文博学院教授、中国考古学会副理事长、国家文物局专家组成员严文明代表参加"跨湖桥遗址考古学术研究会"的北京大学、浙江大学等8所大学以及中国社会科学院考古研究所、故宫博物院等11家权威的博物馆和考古研究机构的35位专家学者，宣布跨湖桥遗址所代表的文化类型为我国东南沿海地区一种独立考古学文化——跨湖桥文化。

黄河流域

　　黄河自古就被称为中华民族的"母亲河"，沿河两岸生活着勤劳勇敢的中华民族优秀儿女，他们在生产和生活中孕育了深厚广博的中华文明。因此，黄河流域的原始文化在中华文明史上占据着十分重要的地位。

　　黄河流域最著名的原始文化有仰韶文化、马家窑文化、大汶口文化、龙山文化、裴李岗文化、大地湾文化、齐家文化等，它们构成了从新石器时代到阶级社会的一个完整的体系。

分布非常广泛的仰韶文化

　　仰韶文化主要存在于河南省三门峡市渑池县仰韶村，是我国黄河上游地区重要的新石器时代文化。仰韶文化的持续时间在公元前5000年至公元前3000年，分布在整个黄河上中游地区。

　　从甘肃省到河南省之间，已发现了几千处仰韶文化的遗址，其中以陕西省为最多，它们约占全国仰韶文化遗址数量的40%，是仰韶文化的中心。

仰韶文化自公元前5000年左右，持续了2000多年的时间，我国历史上的传说时代，史书记载的炎帝和黄帝等著名部族的外会生活和文化生活，都可以从仰韶文化的研究中去探索。仰韶文化分布广泛，历史悠久，内涵丰富，影响深远，是我国黄河流域华夏文化的主要代表。

河南省三门峡市渑池县东北的仰韶遗址位于洛阳市以西，仰韶村北面不远处是属于崤山山脉的韶山，这大概就是仰韶村名的由来。

传说六七千年前，人类还群集在那深山密林的石洞里，过着捕猎采果的生活。山上的猎物和野果越来越满足不了他们的生活需要，他们便慢慢地走出了山地。

崤山山脉韶山峰下，有一片沃野，南临黄河，北临韶山，草木丛中野果累累，鸟儿在空中飞高飞低，走兽在林里窜来窜去，真是一片富饶美丽的好地方。从山上下来的人，有个叫陶的族长，带领族人来到了这块地方。

起初，大自然的丰富物资，足以让他们过着捕猎摘果的美好生活。后来人越来越多了，大自然的资源维持不了生活，他们于是披荆斩棘以开垦田地耕种，并且开始了猎物捉鸟养畜放牧的新生活。

有一年秋天，秋风瑟瑟，大雨连绵不断地下。风像猛兽一样不断地撕去他们赖以生存、用树枝搭起的篷子，薅掉辛勤耕种的庄稼，卷走日夜相伴的牛羊。

雨后，大地被洪水冲出道道沟壑，人们只好在这沟壑上覆盖厚厚的树枝茅草，住在下面用来避风驱寒。

一天，陶在巡视族人们的生活时，发现这些居住在沟壑茅草棚下的人，冬天雪透，夏日雨浸，不少因潮湿而得病。他想：要是在干燥的地方挖洞开穴，再用茅草盖顶，那一定会更好些。于是在陶的带领下，大家轰轰烈烈地干了起来。

漫长的辛勤劳动，使他们发明了不少劳动工具，陶把这些经验积累起来，磨出了各种各样的石器：石斧、石锥、石凿、石碗等。

同时，漫长的生活需要他们将猎物的骨头磨制成骨针、骨锥、骨筷等，用树皮、兽皮、毛草拧成了各种长短粗细不等的绳子。锥和绳子的出现使人们披上了蓑衣，穿上了兽皮。

长期没有发生过战争，社会经济不断得到发展。各族人之间和平相处，平等相待。从而出现了劳动工具、驯服饲养的家畜、猎物和粮食的交流和交换。

生活需要储存粮食、干肉和果品，于是他们用土和泥制成各种各样储物器，在太阳下晒干使用，这种泥器成为他们当时较为广泛使用的生活用品之一。

一天黄昏，灾祸突然降临，刹那间，狂风大作，天昏地暗。原来还没来得及熄灭的烤肉火堆被风吹散开来，燃着了杂草、树木、庄稼和茅棚，一会儿成了一片火海。大火之后，树上的果子没了，只留下枯干残枝；田野的庄稼没了，只留下片片灰烬。

不幸的遭遇中，陶却发现了一个奇迹：那晒制的用泥做的储器，比原来坚硬得多，敲起来清脆悦耳，尤其是放在穴里的更好。于是，他就带领族人掘洞建窑试烧这种坚硬的储物器。

陶带领族人亲自试烧。他把晒干的各种泥制品放进掘好的窑洞里，用木材架起来烧。一天又一天，一窑又一窑，但不是烧焦，就是烧流，或是半生半熟。整整3年这位老人都是在火海里折腾，发须被烤焦了许多卷儿，透红的脸庞让火炙了许多黑硬的斑。

一天，大家都去睡了，陶坐在那里用干材不住地添火，他在蒙蒙胧胧中觉得自己走进了熊熊的烈火中，双肋长出了翅膀，飘飘忽忽地飞向蓝天，在黄河上空翱翔。

天亮之后，人们来到火窑旁边，火熄了，那位老人却不见了，唯独剩下的，是他常挂的那根奇异的木质拐杖。

陶离开人类而去了，大家按照老人生前的嘱托，继续忙碌着。到了中午，雨瓢泼似的下，满地都是水，灌满了各个试烧的窑。第二天，大家用土封了窑口。

七天七夜过去了，水全部渗完，窑里没那么热腾了，大家挖开一看，满窑是坚硬结实、完好无缺、青透夺目的各种各样储物器。于是，成功的消息传遍了整个黄河两岸。

陶死后，大家推举他的儿子缶为首领。为了怀念陶的功绩，大家把这种储物器叫陶器。他们还为老人铸了陶像，因为老人爱吃鸡，同时煅烧了两只鸡摆在陶像前，让后人供奉。

缶把这项工艺技术发扬光大，不仅制造了各种各样的生活储物器，而且还制造了伴歌伴舞的敲打乐器。从此这项工艺陶器成了华夏人的生活必需品。

几千年过去了，生活在仰韶村这块圣地的人们，不知经历了多少战争，也不知度过了多少和平岁月，谁也说不清那段沧桑的历史。人们都是从自然中来，又到自然中去，最后唯独留下了仰韶文化遗址。

仰韶文化遗址发现的新石器时代晚期器物有石器、骨器、陶器多种。石器有刀、斧、杵、镞及纺织用的石质纺轮，骨器有缝纫用的针，陶器有钵、鼎等形制。

仰韶陶器多数是粗陶，其中有一种彩陶，以表面红色、表里磨光并带有彩绘为特征。因此"仰韶文化"又被称为"彩陶文化"，当作同系统文化的代表名称。

仰韶文化遗址总面积近30万平方米，文化层厚约2米，最厚达4米。有四层文化层相叠压，自下而上是仰韶文化中期、仰韶文化晚期、龙山文化早期、龙山文化中期。遗址中最有价值的是数十斤5000年前的小米，说明我国农业发展具有悠久的历史。

仰韶文化是我国先民所创造的重要文化之一，仰韶文化的持续时间在公元前5000年至公元前3000年左右，据传说，神农氏时代完了以后，黄帝、尧、舜相继出现，这些传说在仰韶文化遗址中大致有迹象可寻，因之推想仰韶文化当是黄帝族的文化。

从仰韶文化遗址的遗物里，可以推测当时人们的生活状况。

　　仰韶时期的人们过着定居生活，拥有一定规模和布局的村落；原始农业为主要经济形式，同时兼营畜牧、渔猎和采集；主要的生产工具是磨制石器；生活用具主要是陶器；此时反映人们意识形态的埋葬制度已经初步形成。

　　各遗址多有石斧的发现，石斧是用来进行农业生产的一种工具。遗址多在河谷里，那里土地肥沃，便于种植。1953年，陕西西安半坡遗址的发现，有力地证明了农业在生产中的重要地位。生产工具有石斧和骨锄，农作物有粟。一陶罐粟在居室内被发现，一陶钵粟是作为殉葬物放在墓葬里，足见当时人生活已经离不开农业，粟尤其是重要的食物。

　　畜牧业也是重要的生产部门。仰韶遗址中有许多猪、马、牛的骨骼，其中猪骨最多。猪的大量饲养，也说明当时居住地已相当安定。

　　弓箭是中石器时代后期或新石器时代早期出现的工具。有了弓箭，狩猎生活逐渐过渡到原始畜牧业。仰韶文化各遗址多有石镞、骨镞，可见当时已普遍使用弓箭。

在甘肃各遗址的墓葬中，发现磨制的玉片、玉瑗和海贝，据推测，玉可能是从新疆来的，贝是从沿海地区来的，想见甘肃居民对沿海地区已经有了交换关系。由于交换关系的继续发展，氏族内部逐渐分化了，而且开始有奴隶，也就是在这种情况下，阶级开始了它的胚胎状态。

半坡遗址有公共墓地，埋葬本氏族的死者。死者一般是仰身葬，带有殉葬物，主要是陶器等日常生活所用的器皿，也有些是装饰品。还有一些死者是俯身葬，都没有带殉葬物。这是死者身份不同的表示，俯身葬的人是罪人，而奴隶是被看做罪人的。

仰韶文化遗址的陶器，一般是美观的。发展到了属于铜器时代的辛店遗址的陶器，纹饰较为复杂，纹饰间还点缀着犬羊的图形，有的还涂有人形纹。

仰韶文化制陶业发达较好地掌握选用陶土、造型、装饰等工序。陶器种类有钵、盆、碗、细颈壶、小口尖底瓶、罐与粗陶瓮等。其彩陶器造型优美，表面用红彩或黑彩画出绚丽多彩的几何形图案和动物形花纹，其中人面形纹、鱼纹、鹿纹、蛙纹与鸟纹等形象逼真生动。

不少出土的彩陶器为艺术珍品，如水鸟啄鱼纹船形壶、人面鱼纹彩陶盆、鱼蛙纹彩陶盆、鹳衔鱼纹彩陶缸等。陶塑艺术品也很精彩，有附饰在陶器上的各种动物塑像，如隼形饰、羊头器钮、鸟形盖把、人面头像、壁虎及鹰等，皆栩栩如生。

在半坡等地的彩陶钵口沿黑宽带纹上，还发现有50多种刻画符号，可能具有原始文字的性质。在濮阳西水坡又发现用蚌壳摆塑的龙虎图案，是我国最完整的原始时代龙虎形象。

仰韶遗址的发现，第一次证实了我国在阶级社会之前就存在着非常发达的新石器文化，并从此开始把考古学的研究领域扩大到旧石器时代、青铜器时代和铁器时代。

仰韶遗址的考古与发掘，无可辩驳地证明了我国不但有新石器时代的遗存和文化，而且相当发达，使过去宣扬的"中华文化西来说"不攻自破。仰韶文化上下数千年，纵横几千里，在世界范围内来说也是罕见的。

知识点滴

1916年，当瑞典人安特生教授在山西勘探铜矿资源的时候，偶然发现了一批古新生代的生物化石，安特生教授以及当时地理测绘研究所所长丁文江先生随即对古新生代化石进行大规模收集整理工作。

1921年，在河南省三门峡市渑池县仰韶村曾经发现新石器时代晚期的遗址。全国有统计的仰韶文化遗址共5213处，具体分布情况是：陕西省2040处、河南省1000处、山西省1000处、甘肃省1040处、河北省50处、内蒙古自治区约50处、湖北省23处、宁夏回族自治区7处、青海省3处。

彩陶文化巅峰的马家窑文化

马家窑文化出现于距今5700多年的新石器时代晚期，历经了3000多年的发展，因首先发现于甘肃省临洮县的马家窑村而得名，主要分布于黄河上游地区及甘肃、青海境内的洮河、大夏河及湟水流域一带。

马家窑文化以一种独立的文化形态向世人展示了图案精美、内涵丰富、数量众多，达到世界巅峰的彩陶文化。

在我国甘肃省临洮马家窑村远古文化遗址，存在着大量的上古时代代表华夏文化的彩陶器皿。

马家窑文化包括马家窑、半山、马厂3个

文化类型，从已经发现的有关地层叠压情况看，马家窑类型早于半山类型，半山类型又早于马厂类型。

马家窑文化的重要遗址有东乡林家、临洮马家窑、广河地巴坪，以及兰州的青岗岔、花寨子、土谷台、白道沟坪与永昌鸳鸯池和青海乐都柳湾等20多处。

马家窑文化的村落遗址一般位于黄河及其支流两岸的台地上，那里接近水源，土壤状况良好。房屋多为半地穴式建筑，也有在平地上起建的，房屋的平面形状有方形、圆形和分间三大类，以方形房屋最为普遍。

当时虽然农业经济比较进步，采集和狩猎活动仍是经济生活的重要方面。各遗址中大多发现了石镞、骨镞、石球等。发现骨骼较多的野生动物是鹿、野猪等。

马家窑文化发现有墓葬2000多座，墓地一般和住地相邻，流行公共墓地，墓葬排列不太规则，多数为东或东南方向。盛行土坑墓，有长方形、方形和圆形等。

葬式因时期和地区不同而有变化，一般有仰身直肢、侧身屈肢和二次葬。墓葬内一般都有随葬品，主要有生产工具、生活用具和装饰品等，少数随葬粮食和猪、狗、羊等家畜。

有的墓地的随葬品，男性多石斧、石锛和石凿等工具，女性多纺轮和日用陶器，反映出男女间的分工。随葬品在数量和质量上都存在着差别，而且越到晚期差别越大，这种贫富差别的增大，标志着原始社会逐步走向解体和中华文明曙光的来临。

马家窑文化以彩陶器为代表，它的器型丰富多姿，图案极富于变化和绚丽多彩，是世界彩陶发展史上无与伦比的奇观，是人类远古先民创造的最灿烂的彩陶文化，是彩陶艺术发展的顶峰。它不仅是工业文明、农业文明的源头，同时它源远流长地孕育了我国文化艺术的起源与发展。

马家窑文化的陶器大多以泥条盘筑法成型，陶质呈橙黄色，器表打磨得非常细腻。许多马家窑文化的遗存中，还发现有窑场和陶窑、颜料以及研磨颜料的石板、调色用的陶碟等。

马家窑文化的彩陶，早期以纯黑彩绘花纹为主；中期使用纯黑彩和黑、红二彩相间绘制花纹；晚期多以黑、红二彩并用绘制花纹。

马家窑文化的制陶工艺已开始使用慢轮修坯。并利用转轮绘制同心圆纹、弦纹和平行线等纹饰，表现出了娴熟的绘画技巧。

彩陶的大量生产，说明这一时期制陶的社会分工早已专业化，出现了专门的制陶工匠师。彩陶的发达是马家窑文化显著的特点，在我国所发现的所有彩陶文化中，马家窑文化彩陶比例是最高的，而且它的内彩也特别发达，图案的时代特点十分鲜明。

彩陶是我国文化的根，绘画的源，马家窑文化创造了中国画最早的形式。马家窑文化彩陶的绘制中以毛笔为绘画工具、以线条为造型手段、以黑色为主要基调，奠定了中国画发展的历史基础与以线描为特征的基本形式。

马家窑蛙纹彩陶也向人们揭示了蛙纹出现、变化，最终发展成雏形龙图案的演绎过程，而整个演绎过程与先民避免和战胜水患的愿望有着直接的联系。马家窑文化彩陶画可以证明，中华龙的形成起源于蛙纹。

还有一件彩陶盆，最上层有10个亮圆，代表了古时候天上有10个太阳，中间有9个，代表被后羿射掉了9个，最中间一个，代表了还剩一个太阳，每个太阳的中间都有一只鸟头，代表了太阳鸟也就是金鸟，证明了后羿射日的传说确实很早就有了。

传说中后羿和嫦娥都是尧时候的人，那时有10个太阳同时出现在天空，把土地烤焦了，庄稼都枯干了，人们热得喘不过气来，经常有人倒在地上昏迷不醒。

人间的灾难惊动了天上的神，天帝命令善于射箭的后羿下到人间，协助尧除掉人民的苦难。后羿带着天帝赐给他的一张红色的弓，一口袋白色的箭，还带着他美丽的妻子嫦娥一起来到人间。

后羿从肩上拿下那红色的弓，取出白色的箭，向骄横的太阳射去。"嗖"的一箭射出，只见天空中流火乱飞，火球无声爆裂。接着，一团红亮亮的东西坠落在地面上。

人们纷纷跑到近前去探看，原来是一只乌鸦，颜色金黄，硕大无比，想来就是太阳精魂的化身。再一看天上，太阳少了一个，空气也似乎凉爽了一些，人们不由得齐声喝彩。这使后羿受到鼓舞，他不顾别的，连连发箭，只见天空中火球一个个地破裂，满天是流火。

顷刻间，10个太阳被射去了9个，只因为尧认为留下一个太阳对人们有用处，才拦阻了后羿的继续射击。

马家窑文化将史前文化的发展推向了登峰造极的高度，创造了绘画表现的许多新的形式，马家窑文化的彩陶图画，就是神奇丰富的史前"中国画"。

1944年和1945年，中国考古研究所所长夏鼐先生到甘肃进行考古工作，发掘了临洮寺洼山遗址，认识到所谓甘肃仰韶文化与河南仰韶文化有颇多不同，认为应将临洮的马家窑遗址作为代表，称之为"马家窑文化"。

1988年，临洮马家窑遗址被国务院公布为第三批全国重点文物保护单位。2001年被评为"20世纪中国百项考古重大发现"之一。2006年，中央电视台《探索·发现》栏目，制作了六集电视专题片《神秘的中国彩陶》，该片由甘肃省马家窑文化研究会会长王志安担任顾问和彩陶文饰解读的主讲。播出后在全国引起对马家窑文化的很大兴趣和关注。

石器和陶器的裴李岗文化

裴李岗文化是我国黄河中游地区的新石器时代文化，由于最早在我国河南省新郑的裴李岗村发现并认定而得名。分布范围以新郑为中心，东至河南东部，西至河南西部，南至大别山，北至太行山。

裴李岗文化的年代据今7000年至8000年，绝对年代早于仰韶文化1000多年。

裴李岗文化遗址的发现，填补了我国仰韶文化以前新石器时代早期的一段历史空白，给进一步研究中华文明历史提供了实物资料。裴李岗文化既是我国新石器时代中期的一种文化，也堪称中华民族文明起步文化。

裴李岗村位于新郑县城北，遗址中有一些形状奇特的石斧、石铲、石磨盘、石磨棒、陶壶等40余件。

石磨盘是原始社会晚期的遗物，是碾谷物的生产工具，形状像一块长石板，而两头呈圆弧形，像鞋底状。石磨盘是用整块的砂岩石磨制而成的，正面稍凹，可能是长期使用造成的。

大多石磨盘的底部有4个圆柱状的磨盘腿，与其配套使用的是石磨棒。7000年之前，在如此遥远的时代，人类就能够用整块的石板琢磨出可供谷物脱壳的加工工具，这的确是一种凝聚着原始人类高度智慧的生产工具。

裴李岗文化遗址有墓葬114座、陶窑1座、灰坑10多个，还有几处残破的穴居房基。出土各种器物400多件，包括石器、陶器、骨器以及陶纺轮、陶塑猪头、羊头等原始艺术品。

遗址东半部为村落遗址，文化层厚一两米，内含遗物极少。西半部为氏族墓地。墓坑呈长方形，边缘不整齐。随葬品主要是石器和陶器。石器有磨制的或琢磨兼施的，其中典型器物有锯齿石镰、两端有刃的条形石铲等。陶器均为手制，代表器物是三足陶钵、筒形罐等。

从裴李岗遗址的遗物分析，裴李岗居民已进入锄耕农业阶段，以原始农业、手工业为主，已经懂得畜牧和耕种。他们会在田里种植小米，又会在家里养猪。而该文化是现时我国已知的最早期陶器文化。

裴李岗文化的陶器以泥质红陶数量最多，占陶器总数的一多半，夹砂红陶次之，泥质灰陶最少。陶器均为手制，大多为泥条盘筑。有纹饰的器物较少。

而石器则以磨制为主，有石铲、石斧、石镰、石磨盘等。

裴李岗文化时期的房屋均为半地穴式建筑，以圆形为主，亦有较少的方形房屋，有阶梯式门道。

这一带第四纪黄土广泛覆盖，尤其是豫东平原，黄河冲积的次生黄土非常有利于古代农业的发展。据气象研究，在距今2500年至8000年的全新世中期，中原和华北地区的年平均气温比现在高得多，粟作农业的起源很可能就在这里发生。

裴李岗文化在河南省境内共有100多处遗址，其他重要遗址还包括临汝县中山寨遗址、长葛市石固遗址等。

由此可以想象出那时的情景：

在裴李岗文化时期，这里居住着一个少典氏族。他们在丘陵和台地上，用耒耜、石斧、石铲进行耕作，种植粟类作物，用石镰进行收割，用石磨盘、石磨棒加工粟粮。还种植枣树、核桃树等。在木栅栏里和洞穴中饲养猪、狗、牛、羊、鹿、鸡等。用鱼镖、骨镞从事渔猎生产。

他们建有许多陶窑，烧制钵、缸、杯、壶、罐、瓮、盆、甑、碗、勺、鼎等。他们在丘岗临河处，住着单间、双开间、三开间或四开间的茅屋。除了生产之外，他们还有简单的文化生活，在龟甲、骨器和石器上契刻符号式的原始文字，用以记事。

他们建有公共氏族墓地，成年人死了不分男女，一律头南脚北安葬，根据他们生前的功劳、贫富和性别陪葬生产工具或生活用具等。

这是中原最古老文明裴李岗文化最真实的写照。

知识点滴

20世纪50年代，新郑县城北新村乡裴李岗村一带农民在田野耕种时，不断挖出一些形状奇特的石斧、石铲、石磨盘、石磨棒、陶壶等，不知为何物，于是就把这些远古的遗物搬回家中，充当捶布石、洗衣板或者是用来垫猪圈、垒院墙……

1977年至1982年春，考古工作者先后对新郑县的裴李岗、唐户和沙窝李遗址进行发掘，其中对裴李岗和沙窝李进行了5次较大规模发掘。

1978年，开封地区文管会、新郑县文管会撰文《河南新郑裴李岗新石器时代遗址》在当年《考古》第二期上发表，提出将裴李岗遗存命名为"裴李岗文化"。

2001年，新郑市的裴李岗遗址被公布为20世纪百项考古大发现之一、河南省十大考古大发现之一以及全国重点文物保护单位。

山东文明之源的后李文化

　　后李文化因发现于我国山东省淄博市临淄区后李文化遗址而得名，其分布范围主要在泰沂山系北侧的山前地带，距今8500年至7500年之间，前后延续1000多年时间。

　　后李文化是山东地区最早的新石器时代文化和人类遗存，其年代延续之长，内涵之丰富，实为罕见，堪称海岱地区史前文化的源头。

　　后李文化主要分布在济南、邹平、章丘、淄博、潍坊一带，后李遗址一期遗存位于临淄区齐陵街道办事处后李官庄西北的淄河东岸的二级台阶上，面积约15万平方米。

　　后李文化地处沂泰山系北侧山前冲积扇和鲁北平原，由于受淄河水的冲刷，遗址的西、南两侧形成高达10余米的断崖。

后李文化遗址最突出的特点是文化层次多而丰富，由上到下共分12层，包含了新石器文化遗存、两周文化遗存和晚期文化遗存三大阶段。从新石器时代早期的遗物到清代的器皿，首尾跨越了8000年。

其中的后李文化是最古老的新石器文化，它的发现将山东文化的发源年代向前推进了1000多年。

在后李文化遗存中有灰坑、墓葬、烧灶、房址、陶窑等。灰坑为圆形、椭圆形和不规则形。墓葬有小型土坑竖穴式和土坑竖穴侧室两种形制。

房址为半地穴式，不规则圆形，面积一般30至50平方米，大者50余平方米。地面为夯土，坚实较硬。陶窑为竖式陶窑，分窑室、火膛和泄灰坑三部分。

居住面有的经过烧烤，多发现灶址和一些陶、石器等生活用具。墓葬流行长方形土坑竖穴，排列比较整齐，个别墓室均未见葬具。死者头向多朝东，有的向北。葬式多单人仰身直肢葬。多无随葬品，少数放置蚌壳，个别见有陶支脚。

后李文化发现的陶器以红褐陶为主，红陶、灰褐陶、黑褐陶、青灰褐陶次之。制作工艺为泥条盘筑，器表多素面，器形以圜底器为主，仅发现少量平底器和圈足器。器类主要有釜、罐、壶、盂、盆、钵、碗、形器、杯、盘、器盖和支脚等。纹饰有附加堆纹、指甲纹、压印纹和乳钉纹。

后李文化遗址发现的新石器时期陶窑被誉为"中华第一窑"。该窑炉不仅证明淄博地区是我国属较早开始烧制陶器的地区之一，而且证明淄博地区烧制陶器的历史已有8000多年。

该窑炉结构简单、形体较小，顶部结构已毁，仅存窑膛及炉底，但四壁烧痕明显，为使用烧结所致，说明该窑炉建造其原始性。

后李文化的骨角蚌器多为凿、匕、锥、镖、刀、镰等。有少量石器，以磨制为主。种类有锤、斧、铲、磨盘、磨棒、刮削器、尖状器等。

后李文化的陶器、骨器的碎片经测定距今约8200年至8500年。

遗址中的植物花粉均以草本植物花粉居优势，木本植物花粉次之。可见这一时期，后李遗址的植被具有明显的草原特征，草本植物比较茂盛。

由此证明，后李文化时期气候比较暖湿，温度可能比如今高。环境较优美，既有旱生植物、水草及灌木丛，也有低地及水体，当时居住区域，地势比较平坦，接近河边，有不少野生动物栖息与嬉戏在这里。

另外，后李文化遗址中还有一些禾本科植物花粉，其形态酷似现在的谷子。看来当时先民可能已经学会农业栽培，食物来源主要靠种植谷物，也辅以狩猎和捕鱼。

后李文化的先民就是在这样的自然环境下从事各种生产活动并繁衍生息，从而创造出了光辉灿烂的古代文化。

20世纪60年代，专家们就发现了后李官村遗址的存在，进行试掘后又获得了一些别具特色的陶片。此后，考古学者在山东章丘、滨洲、济南等地也发现了类似的标本，这些发现，拉开了发掘后李文化的序幕。

1988年至1990年，为配合济青高速公路的建设，山东省文化厅济青高速公路工程文物工作队，对后李文化遗址进行了4次大规模的考古发掘，清理小型墓葬189座，其中包含着春秋时期的墓葬。

1992年，山东省、淄博市文物部门在临淄齐陵镇的后李家村发掘古车马遗址时，发现了一些古代陶器的碎片，经文物专家鉴定，距今约8200年至8500年。

知识点滴

东方文明渊源的北辛文化

　　北辛文化是黄河下游一种较早期的原始社会文化，因山东省滕州市北辛遗址最为典型而得名，主要分布于泰沂山系南北及江苏省淮北地区。北辛文化的年代在公元前5300年至前4300年之间，其后发展为大汶口文化。

北辛文化揭示了六七千年前我们的祖先在此定居并繁衍生息的生活情形，为中华东方文明找到了渊源，代表了中华民族辉煌的历史文明。

北辛文化遗址包括灰坑、窖穴、墓葬在内面积约2600平方米，发现各类石器、陶器、骨器、蚌器等文物2000余件，属于山东省新石器时代的最早时期，也是母系氏族社会最为繁盛阶段，比大汶口文化早1000多年。

北辛文化分布范围包括了除胶东半岛以外的山东省环鲁中南山地周围的兖州、曲阜、泰安、平阴、长清、济南、章丘、邹平、张店、青州、莒县、临沭和滕县等地。

北辛文化已形成完整的聚落，房址均为半地穴式建筑，墓葬流行

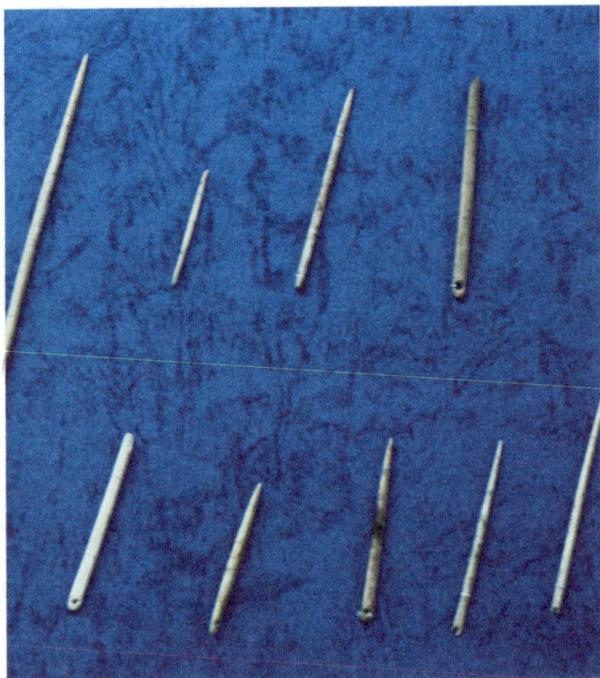

长方形土坑竖穴墓，无葬具，生产工具主要是石器，骨、角、牙、蚌器十分发达，制作工艺以磨制为主。

造车始祖奚仲，是历史记载中第一个走入中原的北辛文化代表人物。然而，随他走进中原的不仅仅有马车，许多北辛文化的核心价值元素，也随着那道马车的辙印汇入大禹的治国理念当中。

历史记载奚仲曾任夏"车正"，也就是管理车辆制造及"车服礼仪"的官员，可以想见，夏朝的许多礼仪制度之中凝聚了北辛文化的智慧。

"禹作舟车""奚仲造车"等的历史记载，从一个侧面彰显了北辛文化在当时所达到的文明高度，铭记了北辛先民们为完善民族早期文化体系做出的卓越贡献。

北辛文化跨越分为早、中、晚三个阶段，表现在北辛文化中的农业特征，一是粟粒碳化颗粒的发现，二是大量磨制生产工具的出土。

在一些窖穴的底部，发现了粟类作物的颗粒，这些碳化了的粟颗粒，是我国北方发现较早的农作物之一，这说明了农业生产是他们生活资料的主要来源，也是定居生活赖以生存的重要保障。

粟是耐旱作物，从地理环境、土质和气候方面观察，北辛文化所处的地带是非常有利于古代人类的居住和古老的农业生产的。因为这一地区的降水量集中于夏季，不及南方年降水量平均，所以，北辛文化的居民很自然地选择具有耐旱早熟之特点的粟作为主要农作物。

粟的发现不仅证实了我国有发达的原始农业，同时还证实我国是世界上农业发展最早的国家之一。

北辛文化遗址的农具从翻地的石铲、鹿角锄、播种用的尖状角器，到收割用的蚌镰，脱粒用的石磨盘、石磨棒等，对研究当时的农业生产状况起到了很重要的作用。

北辛文化的陶器工艺较为原始，陶质有夹砂陶和泥质陶两种，纹饰有附加堆纹、划纹、指甲印纹等，说明手工业在北辛时期也出现了萌芽。代表器物为黄褐陶鼎。

遗址中有盖鼎、红顶钵、指甲印纹钵、红陶壶，说明当时的制陶烧陶技术已比较先进，这些器物不仅讲究生活的实用性，而且还讲究审美的艺术性。

特别是红顶钵，为东方的彩陶找到了渊源；在一件陶器的底部还发现了一对酷似鸟足的刻画符号，被誉为"文字的起源"和"文明的曙光"。

北辛文化的人们除农业生产劳动外，狩猎、捕捞和采集仍是不可缺少的生存手段。遗址中有大量的骨镞、鹿角矛形器、弹丸、骨鱼镖、陶网坠、骨梭。同时，北辛文化遗址中数量相当多的兽骨、鱼骨和贝壳，经鉴定，有猪、牛、梅花鹿、獐、四不像、貉、獾、鸡、龟、青鱼、丽蚌、中国田螺等种类。遗址中还发现家猪的头骨，刷新我国的养猪史。这证明北辛文化的人们已把狩猎、捕捞作为生存的手段之一。

综上所述，在距今7000多年以前的时代，自然气候和地理环境都与现在有着很大的差异，我们的祖先在那样的条件下，在这块古老的土地上，用粗笨的生产工具发展生产，过着较稳定的定居生活，是一件了不起的事情。

北辛文化是海岱文化区新石器时代的一次重要发现，是山东大汶口文化的源头，它将山东的史前考古向前推进了一大步，具有重要的历史意义。

知识点滴

1964年，中国科学院考古研究所山东队在滕县北辛遗址调查中，采集到一批和大汶口文化风格不同的陶器，称之为"北辛类型"。

北辛文化由于最早发现于江苏淮安青莲岗，考古界曾定名为青莲岗文化，后因主要遗址有山东滕县北辛、兖州三因、泰安大汶口、江苏邳县大墩子、连云港市二涧村等，于是重新定名为北辛文化。

1982年，"北辛文化"被国务院正式公布并编入教科书；1992年被公布为山东省重点文物保护单位；2006年又被国务院定为全国第六批重点文物保护单位。

父系氏族社会的大汶口文化

大汶口文化是在公元前4300年至前2500年的新石器时代后期父系氏族社会的典型文化形态，以发现于山东省泰安市岱岳区南部大汶口的文化遗址为代表。

其范围以泰山地区为中心，东起黄海之滨，西到鲁西平原东部，北至渤海南岸，南及今安徽的淮北一带，河南省也有少量大汶口文化遗存。

大汶口文化，使我国黄河下游原始文化的历史，由龙山文化向前推进了2000多年，为山东地区的龙山文化找到了渊源，也为研究黄淮流域及山东、江浙沿海地区原始文化，提供了重要线索。与长江流域的河姆渡文化，共称中华民族的文明起源。

大汶口位于大汶河北岸，属自古有名的土质肥沃、水源充足的"汶阳田"，地下资源丰富。

大汶口文化遗址内涵丰富，有墓葬、房址、窖坑等，分为早、中、晚3期。早期以红陶为主，晚期灰、黑比例上升，并出现白陶、蛋壳陶。

大汶口文化以农业生产为主，农业以种植粟为主，兼营畜牧业，辅以狩猎和捕鱼业。在三里河遗址的一个窖穴中曾发现碳化粟。还有大量牛、羊、猪、狗等家畜骨骼。

大汶口文化遗址有许多大小不等的村落遗址，村落选择的地点有的在靠近河岸的台地上，也有的在平原地带的高地上。房屋多数属于地面建筑，但也有少数半地穴式房屋。

在呈子遗址中有一座大汶口文化近方形的房屋，房门朝南。筑法是先在地坪上挖基槽，槽内填土夯实。墙基内有密集的柱洞，室内有4个柱洞。

在大墩子的大汶口文化墓葬中有陶房模型，这些陶房模型提供了相当形象的大汶口文化房屋形状。

大汶口文化的灰坑有圆形竖穴和椭圆形竖穴，原先的用途可能是储藏东西的窖穴。也有口大于底的不规则形灰坑。

大汶口文化的制陶技术较前已有很大提高。以手制为主，晚期发展为轮制陶器，烧成温度900摄氏度至1000摄氏度。器形有鼎、鬶、盉、豆、樽、单耳杯、觚形杯、高领罐、背水壶等。

许多陶器表面膜光，纹饰有划纹、弦纹、篮纹、圆圈纹、三角印纹、镂孔等。彩陶较少但富有特色，色彩有红、黑、白3种，纹样有圈点、几何图案、花叶等。

大汶口文化的雕塑工艺品不仅数量多，而且有较高的艺术水平，多数是墓内的随葬品。雕塑品有象牙雕筒、象牙琮、象牙梳，雕刻骨珠、骨雕筒、骨梳，牙雕饰、嵌绿松石的骨筒、雕花骨匕、穿孔玉铲、玉珠，以及陶塑动物等。这些雕塑品，制作都相当精细，造型优美，是大汶口文化中颇具特色的艺术作品。

生产工具有磨制精致的石斧、石锛、石凿和磨制骨器，而骨针磨制之精细可与今天媲美。

大汶口文化时期，社会生产的劳动者性别，先后发生了很大的变化。在中期以后，随葬石铲、石斧、石锛等生产工具的主要是男性，而随葬纺轮的则主要是女性。

这说明男子已成为社会生产，特别是农业生产的主要担当者，而妇女则从事纺织等家内劳动，社会已经从母系氏族公社阶段发展到父系氏族公社阶段了。

大汶口文化晚期，随着生产的发展，私有制已经出现了。有一些大汶口墓葬里随葬有很多猪头和猪的下颚骨，这些应该是墓主人生前的私有财产。此外，随葬的私有财产还有陶器、生产工具以及各种装饰品等。

私有制的产生和发展，必然导致贫富两极分化，在氏族内部出现富有者和贫穷者。大汶口文化中、晚期的墓葬，清楚地反映了这种演变。从墓的规模看，有大墓和小墓的差别。从随葬品来看，差别更加悬殊，可见贫富分化已经十分显著。

黑陶和白陶是大汶口文化中晚期制陶业中出现的两个新品种，反映了当时制陶工艺的显著进步。这时的陶器已用快转陶车来制造。

白陶的出现有重大的意义，白陶上有的还有图案花纹，它为以后瓷器的制作奠定了技术基础。

大汶口文化时期，手工业经济也发展到较高的水平。制陶业、玉石制造业从农业中分离出来，成为独立的经济部门。

当时居民中盛行枕骨人工变形和青春期拔除一对侧上门齿，有的长期口含小石球或陶球，造成颌骨内缩变形。还流行在死者腰部放穿孔龟甲，死者手握獐牙或獐牙钩形器。这些习俗为我国其他史前文化所罕见。

大汶口文化中的许多刻画符号可能是古老的象形文字。在莒县陵阳河、大朱村、杭头和诸城前寨等遗址，还发现刻在陶樽上的陶文。

大汶口文化的墓葬多埋于集中的墓地。每一墓地的墓葬排列有序，死者头向一致。墓室多为长方形竖穴土坑，有的仅有棺，但也有棺椁皆备的。葬式一般为单身仰身直肢葬，也有两人合葬或多人合葬的。多人合葬，少则3人，多则达23人。

在大汶口文化的后期墓葬中，出现了夫妻合葬和夫妻带小孩的合葬，它标志着母系社会的结束，开始或已经进入了父系氏族社会。

知识点滴

大汶口文化于1959年首次发现于与大汶口镇相邻的磁窑镇，后来为了方便记忆，就用了大汶口镇的名字，考古学界即将大汶口遗址及其相类同的文化遗存命名为大汶口文化。

其后，于1974年、1977年、1978年，又先后进行多次发掘研究，考古学上通常认为大汶口文化是黄帝族的一部分东迁形成的少暤族。

2009年，在江苏邳州大墩子大汶口遗址出土了一些重要器物，其中阳鸟石璧和骨雕上的阳鸟刻画，从考古遗存上对夷族的太阳崇拜和鸟图腾说提供了证据。

獐牙构形器柄上的刻符与《系辞》中八卦卦形符号相同，证明八卦起源于5000年前的大汶口文化时期，比通常认为易学萌芽于商周之际早2000余年，为研究东夷文明增添了宝贵的资料。

最早古城代表的龙山文化

　　龙山文化泛指我国黄河中、下游地区的新石器时代晚期的铜石并用时代文化遗存，因最早发现于山东省历城区龙山镇城子崖而得名，距今约4600年至4000年。

　　龙山文化广泛分布于山东、河南、山西、陕西等省。它们是继承大汶口文化的因素而发展起来的。一般将山东龙山文化称典型龙山文化；豫西地区龙山文化为庙底沟二期文化；河南龙山文化主要分布在豫西、豫北和豫东一带；陕西龙山文化或称客省庄二期文化，主要分布在陕西省泾河及渭河流域。

据先秦文献记载的传说与夏、商、周立都范围，汉族的远古先民大体以西起陇山、东至泰山的黄河中、下游为活动地区。而主要分布在这一地区的仰韶文化和龙山文化这两个类型的新石器文化，一般认为即汉族远古先民的文化遗存。

传说黄帝时有300年，时间上与早期龙山文化时期正相对应，即自公元前3000年至公元前2700年。早期龙山文化时期可划分为两期：公元前2800年之前为前期，大致可对应于传说中的黄帝轩辕氏、黄帝有熊氏、黄帝缙云氏等。

公元前2800年之后为后期，即大汶口文化晚期的前100年，大致可对应于传说中的少皞称天子时期，其中包括少皞金天氏。黄帝时代，天子之位是在各地氏族之间轮流传位的。

黄帝时代之后是颛顼称天子，颛顼源出于少皞玄鸟氏，自颛顼继天子之位之后，天子传位为玄鸟氏所垄断，这就宣告了黄帝时代的结束，从而开始进入一个尚黑的天子统治天下的时代，直至夏朝结束为止，黑陶遗存正是这一玄鸟氏时代的考古学实证。

自颛顼至舜、禹，时间上与河南龙山文化正相对应，即自公元前

2700年至公元前2070年。

依据古史资料，"自黄帝至禹，为30世"，历时约900年。而研究表明，自黄帝至禹，其年代自公元前3000年至公元前2070年，历时也是约900年。相当于龙山文化中的早期和河南龙山文化这两个时期。

因此，龙山文化时期，尤其是其中的早期龙山文化和河南龙山文化时期，恰好对应于传说中的自黄帝至禹的历史时期。

中原地区早期龙山文化的陶器以灰色为主，多为手制，口沿部分一般都经过慢轮修整，部分器物如罐类还采用器身、器底分别制成后再接合的"接底法"成型新工艺。灰陶的烧成温度约为840摄氏度。

早期龙山文化陶器的杯、敞口盆、折沿盆、敛口罐、尖底瓶等器形还保留、继承了仰韶文化的某些因素，而双耳盆、三耳盆、深腹盆、筒形罐则独具特色。

龙山文化陶器的纹饰以篮纹为主，有些陶器又在篮纹上面饰以数道甚至通身饰以若干道附加堆纹，主要用来加固器身。

晚期龙山文化的陶器以灰陶器为主，红陶已占有一定比例，黑陶器数量有所增加。灰陶和红陶的烧成温度均达1000摄氏度。

仍以手制为主，但轮制技术革新得到了进一步发展，部分陶器已采用模制成型。主要器形有杯、盘、碗、盆、罐、鼎、甗、器盖、器座及新出现的鬲等。纹饰以绳纹、篮纹为最普遍，还见少量方格纹。

山东龙山文化的陶器在制法上有了很大的进步，普遍使用轮制技术。因而器形非常规整，器壁厚薄也十分均匀，产量和质量都有了很大提高。

山东龙山文化陶器以黑陶为主，灰陶不多，还有少量红陶、黄陶和白陶。其中，黑陶的烧成温度最高为1000℃。黑陶是陶胎较薄、胎骨紧密、漆黑光亮的黑色陶器。它在龙山文化陶器中制作最为精美。

黑陶在烧制时采用了封窑烟熏的方法，器表呈现出深黑色光泽。黑陶表面磨光，朴素无华，纹饰仅有少数弦纹、划纹或镂孔。黑、薄、光、纽为黑陶的四大特点。

黑陶有细泥、泥质、夹砂3种。其中有一种细泥薄胎黑陶，表面光亮如漆，薄如蛋壳，称为"蛋壳黑陶"，代表着这一类

型陶器的杰出成就，反映了
当时高度发展的制陶业的水
平，是我国制陶史上的顶峰
时期。

"蛋壳黑陶"以素面或
磨光的为最多，纹饰较少，
主要有弦纹、划纹和镂孔等
几种。器形较多，主要有：
碗、盆、罐、瓮、豆、单耳
杯、高柄杯、鼎等。

尤其是龙山文化遗址的
黑陶艺术品蛋壳黑陶高足
杯，杯壁只有0.5毫米厚，
重量只有50克左右，是黑陶
中的极品。不要说是4000多
年前的古人，就是后来想要烧制出这样成色的陶器都非常困难。

山东龙山文化鬼脸式鼎腿、圆环状鼎足最有特色，为其他文化所
罕见。

另外，龙山时期文化的最显著特征便是城址的发现。如在山东地
区，除城子崖龙山城址之外，还有日照尧王城遗址、寿光边线王城
址、茌平三县发现的八座城址、临淄田旺村城址等。在河南则发现有
淮阳平粮台城址、鹿邑栾台遗址、登封王城岗城址、郾城郝家台城
址、辉县孟庄城址等。

龙山文化处于我国新石器时代晚期，这个时期陕西地区的农业和

畜牧业较仰韶文化有了很大的发展，生产工具的数量及种类均大为增长，快轮制陶技术比较普遍，大大提高了生产效率。

同时，占卜等巫术活动亦较为盛行。从社会形态看，当时已经进入了父权制社会，私有财产已经出现，开始跨入了阶级社会门槛。

知识点滴

1928年，当时还在清华大学上学的吴金鼎到离山东省济南市历城县龙山镇城子崖不远的汉代平陵城遗址作假期野外考察。途经城子崖，路沟边断崖的横截面引起了他的注意，在阳光下一条延续数米的古文化地层带清晰可见。

此后，吴金鼎先后5次到城子崖实地考察，发现了大量色泽乌黑、表面光滑的陶片。吴金鼎很快就将自己的发现报告给了他的老师李济。被人称为"中国考古学奠基人"的李济是我国第一位人类学及考古学博士。

1930年，李济主持了城子崖遗址的第一次大规模发掘。至1931年，发掘最突出的代表是造型独特、工艺精美的黑陶，所以考古学家最初称其为黑陶文化。后来才被命名为龙山文化。

南北地区

　　我国地域辽阔，中华文明的发源地除了黄河、长江流域之外，还包括南方与北方的部分地区，如北方的东北三省，西南、东南的几个省区和我国的台湾地区。

　　这些地方遗存的原始文化与长江、黄河流域的古文化共同构成了我们中华民族灿烂辉煌的古代文明。

　　南北地区的原始文化包括新乐文化、兴隆洼文化、红山文化、甑皮岩文化、台湾凤鼻头文化、云南洱海之滨的白羊村文化等。

沈阳史前源头的新乐文化

"新乐文化"是我国北方地区的新石器时代文化，因发现于辽宁省沈阳市北郊区新乐遗址的下层遗存而得名，又称新乐下层文化。

该发现把沈阳城的历史推到7200年前的新石器时期，年代为公元前5300年至公元前4800年。这一文化已成为沈阳地区史前文化典型代表和历史源头。

新乐遗址位于沈阳市皇姑区黄河北大街龙山路一号，市内北运河北岸的黄土高台地上，地处下辽河流域。新乐遗址的分布范围，以龙山路为南线向北延深，东以黄河北大街为起点向西至长江北街。

新乐上层文化以夹砂三足陶器、磨制石器为代表，新乐下层文化以夹红褐陶压印之字纹深腹筒形罐、打制石器、磨制石器为代表，距今约7000年，遗址有半地穴式建筑多座，房址中存有石磨盘残块。

介于新乐上、下两层之间还有新乐中层文化。其中具有独特文化内涵的新乐下层文化，成为新乐遗址和新乐文化遗存的主要代表。

新乐遗址是我国原始社会新石器时代一处聚落遗址。遗址已发现多处半地穴房址，最大的面积有100平方米，中型的面积有70平方米，小型的面积有20平方米，平面呈长方形或圆角方形，中间有火塘，四周有柱子洞。

在新乐下层文化遗址中发现过炭化的谷物，在年代稍晚的大连郭家村遗址上层的一个席篓内，也发现了炭化的粟。说明当时新乐先民经济生活以农业为主，渔猎是经常性的生产活动。

石质工具有打制的，也有磨制的，器形有斧、铲、凿、镞、磨盘、磨棒等，还有细石器。

新乐文化出土的陶器多夹砂红褐陶，火候较低，陶质疏松，并常饰有压印的"之"字形纹和弦纹等，种类有直口筒形深腹罐、鼓腹罐和斜口簸箕形器等。

其中的代表斜线纹高足钵，红陶衣、高足，通身饰以抹压斜线和网格纹，是新石器时代的盛食器。

新乐文化中还有少量玉器、煤精制品、木雕艺术品等。煤精雕刻艺术品有球形、耳当形，晶莹乌亮，雕工细致，在当时条件下能制成如此精细的艺术品，使人难以置信，是我国最早的煤精工艺制品。

其中"木雕鸟"，即太阳鸟木雕，是沈阳地区年代最久的珍贵文物，也是世界上唯一保存最久远的木雕工艺品。

太阳鸟木雕从上到下都装饰了精美的花纹，木雕上的每一处纹路都刻画得十分精致，远在7000年前，人们还没有发明金属冶炼，更不可能有金属刻刀出现。那么，新乐人使用什么刀具来进行雕刻呢？

后来在遗址中发现了许多打磨精细的玉石刻刀，这些石刀和玉刀刃口锋利，很像当时的雕刻工具。从玉刀的锋利程度看，很有可能远在7200年前，新乐人就是这样制作他们的工艺品的。

新乐遗址发现的太阳鸟木雕，发现时已经完全碳化。当时这个木雕不知是什么原因被火烧过，也许烧过的木雕不能再当作部落的图腾了，于是人们把它扔在角落里，被土埋上后逐渐碳化，才能保存达7000余年之久。

从各种发现看，当时的新乐人已经能够使用工具制造出火种来，这与我国古籍中钻木取火的记载十分相似。

从新乐遗址中的一些陶质斜口器中，也都有反复被火烧过的痕迹。这样的斜口器在我国同时期的文化遗址中是不多见的。

可能斜口器是新乐人在房穴中存放火种时所用的。也许斜口器还

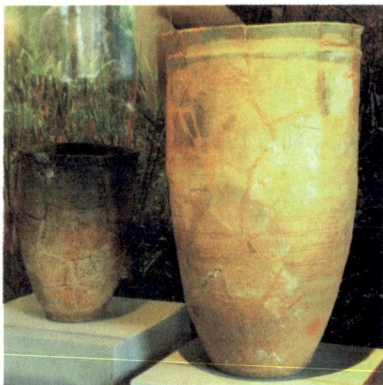

起到后来火炉的某些作用，如果假设成立的话，这可就是人类最早的火炉了。

新乐文化中的骨制品种类繁多。其中主要是下层房址出土的骨柄、骨锥等，它们为新石器时代骨制品。骨柄从侧面观察，很像两片骨板黏合在一起，有一道较明显的合缝，用以镶嵌细石片，作复合工具之用。骨锥体扁平，尖部弯曲锋利，是钻孔工具。

1972年秋，沈阳市于洪区水稻技术员、业余考古爱好者孟方平在新乐宿舍地区拆除的旧房基底部，偶然发现了几片篦纹陶、细小石器及煤制品等并及时报告了有关部门。

沈阳市文管办根据这一线索对文物出土地点和周围地区进行了全面的考古调查，并于1973年在新乐宿舍地区进行了第一次考古试掘，确定了新乐上、下两层文化。

从1973年至1993年间，新乐遗址经过多次调查与发掘，有大量的实物资料证明在沈阳新乐地区共存在三种相互叠压的不同时期的文化遗存。

1982年，沈阳市将新乐遗址公布为市级重点文物保护单位。1984年成立新乐遗址文物管理所。同年在遗址南部建成文物陈列展厅，并正式对外开放。1986年沈阳新乐遗址博物馆正式成立。1988年辽宁省将新乐遗址博物馆公布为省级重点文物保护单位。

我国最早真玉的兴隆洼文化

"兴隆洼文化"因首次发现于内蒙古自治区敖汉旗宝国吐乡兴隆洼村而得名，距今约8000年，是内蒙古和东北地区发现最早、保存最好的一种新石器时代文化类型。

兴隆洼文化是北方三大文化系统之一，它的发现表明内蒙古地区新石器时代的文化自有渊源。不但解决了红山文化的源头问题，而且进一步揭示出长城地带东段新石器时代文化极富特色的土著性和连续性，为确立西辽河文化与黄河文化平行发展，对人类起源多元一体论提供了史证。

同时，兴隆洼文化对整个东北地区的文化发展起了有力的推动作用。既填补了我国北方文化空白，也将这一地区新石器时代文化向前推进了3000余年。

兴隆洼文化遗址地处努鲁儿虎山麓大凌河支流的牤牛河上游丘岗的缓坡台地上。地处平坦，视野开阔，加之附近有可饮用的泉水，故很适宜人类居住。

兴隆洼遗址除兴隆洼文化的遗存外，还保存着距今五六千年的红山文化、距今4000年左右的夏家店下层文化的居住址和城堡遗址。

兴隆洼文化是一处不可多得的原始社会聚落遗址。遗址周围有人工围沟，是这个氏族营地的界线，也是一种防御设施。这是我国大陆远古居民最早的防御设施。围沟内有成排平行排列的房屋，井然有序，每排10座左右，都是西北至东南走向。

兴隆洼文化的住房为半地穴式的方形或长方形建筑，都没有门道，可能是在房子顶部开孔，用梯子出入房间。这是我国古代建筑史上的重要发现。

房屋每间约 50 至 80 平方米，屋内有圆形灶坑，房址最大的140平方米。显得比黄河流域的同时期氏族居址高大宽敞。

就在这层堆积中，发现了一座墓葬，墓主人两耳处各有一件精美的玉玦，应是墓主人生前佩戴的耳饰。一件呈圆环状，另一件呈矮柱状，体侧均有一道窄缺口。

兴隆洼文化遗址中发现的玉玦、玉斧、玉锛等玉器100余件，年代为距今8200年至7400年，由此认定兴隆洼文化玉器是我国年代最早的玉器，开创了我国史前用玉之先河。

兴隆洼文化玉器皆为阳起石的软玉类，色泽多呈淡绿、黄绿、深绿、乳白或浅白色，器体偏小。

兴隆洼文化广泛分布在内蒙古西拉木伦河南岸和辽宁省辽西地区。同类文化性质的遗址还有内蒙古林西县白音长汗遗址、克什克腾旗南台子遗址、辽宁阜新县查海遗址等。玉玦的数量最多，是兴隆洼文化最典型的玉器之一。

兴隆洼遗址发现有世界上最早的两件白玉玦，距今8200年，玉质为闪石玉，玉料来源于辽宁省岫岩县。在4号居室墓出土两件玦，在7号居室墓出土一对玦，玉料来源于辽宁省岫岩县。

兴隆洼文化遗址的匕形器的数量仅次于玉玦，也是兴隆洼文化玉器中的典型器类之一。器体均呈长条状，一面略内凹，另一面外弧，靠近一端中部钻一小孔，多出自墓主人的颈部、胸部或腹部，应是墓主人佩戴的项饰或衣服上的缀饰。

弯条形器和玉管数量较少，均为佩戴在墓主人颈部的装饰品。斧、锛、凿等工具类玉器特征鲜明，其形制与石质同类器相仿，可形体明显偏小，多数磨制精良，没有使用痕迹，其具体功能尚待深入探讨，但不排除作为祭祀用"神器"的可能性。

在敖汉旗兴隆沟遗址采集到的一件锛，玉质为闪石玉，暗绿色料，玉料来源于辽宁省岫岩县。

阜新查海文化遗址，距今8200年，总计发现了50多件玉器，玉质主要是闪石玉，玉料来源于辽宁省岫岩县。

此外，在辽宁省东沟后洼遗址下层发现9件玉器和大量滑石饰品，在长海小珠山下层发现斧一件，在庄河北吴屯遗址发现凿3件等，其玉质主要为闪石玉，玉料来源于岫岩县，滑石也应来自产滑石的岫岩县。

兴隆洼居室墓葬是兴隆洼文化的重要内涵之一，通过兴隆洼居室墓葬的数量及其位置看，它应与当时人类的祭祀活动有关。

还有的墓用两头整猪随葬。墓主与雌雄两头猪同穴并列埋葬，说明墓主因生前的地位和死因特殊而被埋入室内，生者为了获得某种超自然力量，便将死者作为崇拜和祭祀的对象；而人猪并穴埋葬表明，当时的祭祖活动与祭祀猎物的活动已经结合在一起，而且兴隆洼先民们对猪灵的祭祀具有图腾崇拜的意义。

在兴隆洼的房址居住面上及墓葬的陪葬品中都发现了大量的鹿、猪等动物的骨骼，因此可以确定狩猎经济在当时人们的生活中占有重要的地位。

兴隆洼先民使用的生产工具以石器为主，其中主要是用于掘土的打制的有肩石锄。很多房址中都放置着这种先进的生产工具，还有石铲、石斧、石锛、石磨盘、石磨棒和圆饼形石器等。

骨器有锥、镖、针等，磨制都比较精良。在房址的居住面上，常常发现琢制的石磨盘和磨棒，有的房间里还出土了石杵。这些谷物加工工具，既可以使农作物去壳，也可以用于加工采集的植物籽实。

房址中发现较多的鹿角、狍骨和胡桃楸的果实硬壳，说明氏族营地附近广布森林，狩猎和采集经济仍占一定的比重。农业经济的发展水平与黄河流域的诸新石器时代文化大体相当。另外，兴隆洼遗址中还发现了我国最完整的蚌裙服饰，这在世界范围内同期也是罕见的。

在新查海遗址发现的一条距今8000年的兴隆洼文化石块堆塑龙，是我国最早的具有传统龙特征的龙形象。这条龙用大小均等的红褐色砾岩摆塑，呈昂首张口、弯身弓背状。

兴隆洼玉器是我国年代最早的真玉器，它标志着社会大分工的形成，使我国使用琢磨真玉器的年代追溯到了8000年前左右的新石器时代中期，为红山文化玉器群找到了直接源头。

1982年，中国社会科学院考古研究所、敖汉旗博物馆联合进行文物普查时，发现了兴隆洼文化遗址。从而认定这是内蒙古及东北地区时代较早、保存最好的新石器时代聚落遗址。

1996年，兴隆洼文化被国务院确定为国家级文物保护单位，并先后被列入"八五"期间我国十大考古发现、20世纪中国百项考古大发现。

龙凤呈祥之源的赵宝沟文化

赵宝沟文化是发现于我国内蒙古自治区敖汉旗赵宝沟村北的新石器时代早期文化，距今6800年左右，略晚于兴隆洼文化而早于红山文化，是继兴隆洼文化之后，在西辽河流域取得支配地位，并对红山文化发展产生过重大影响的又一支重要远古文化。

赵宝沟文化首次出现由猪首、鹿首和神鸟组合的"灵物图像"，被誉为"中国第一神图和最早的透视画"，在意识形态和绘画艺术上具有划时代意义。

赵宝沟文化的发现，明晰了内蒙古赤峰地区的文化区系，反映了7000年前这个地区的先民社会结构，为探讨北方农业起源提供了翔实的资料。

赵宝沟文化与兴隆洼文化前后衔接，其原型形成于兴隆洼文化中晚期。赵宝沟文化类型遗址有：敖汉旗新惠镇东北高家窝铺乡赵宝沟村北遗址；兴隆洼文化遗址西南的小山遗址；敖汉旗烧锅地遗址、南台地遗址等。

赵宝沟遗址面积约90000平方米。房址平面呈方形或正方形，也有呈梯形，皆为半地穴式建筑，成排分布。

赵宝沟遗址地表遗物丰富，有陶器、石器、骨器、蚌器等，有椭圆底罐、樽形器、石刀斧等代表性器物。

赵宝沟文化石器的主要特点是磨制器与丰富的细石器共存。石质的生产工具主要有尖弧刃石耜、扁平体石斧、弧刃石刀、磨盘和磨棒等。可以看出赵宝沟文化在生产工具方面较兴隆洼文化有一定改进。

在小山遗址的房址中曾发现一件精致奇特的穿孔斧石器。此器通体磨光，表面灰色，杂以黑斑。在靠近顶端处，钻一圆孔，当为安装木柄之用。在圆孔和顶端之间的一面，刻有一人面纹，纹痕浅细，圆脸、鼻、嘴皆近三角。这件石器制作得十分精细，刃部平钝，不像是生活实用工具，似乎与宗教活动有关。

敖吉乡喇嘛板村南台地三面环山，西高东低，东望视野开阔，教来河由南向北流去，适宜于古人类的居住，也适宜于原始农业与原始畜牧业的发展。在这里发现了赵宝沟文化最著名的神兽纹陶樽。

南台地遗址上有房屋遗迹，神兽纹陶樽所在的房址在整个遗址的西部高台上。此处可能系先民们举行某些宗教活动之处，或者是崇拜祭祀的场所。

房基还有陶樽14件，其中5件刻画有神兽纹天象图案，再加上残片上的神兽纹天象图案组成"四灵"，即包含了四时天象的内容在内。主要有神兽太阳纹一件，神兽月相纹两件，神兽星辰纹一件。

"四灵"纹陶樽为中华文明和龙的起源填写了辉煌灿烂的一笔，也为辽西古文化区玉猪龙起源提供了具体的实证。

赵宝沟文化所代表的赤峰先民主要经济形式为原始农业，狩猎经济占有一定比重。这一时期先民已存在等级高低之分，社会分工已趋明显，当时社会上已经出现了较为高级的神灵崇拜观念。

赵宝沟文化的房址和灰坑有140余处。遗物有陶器、石器、骨器和蚌器。

赵宝沟文化最著名的代表是陶器，陶器中以筒形罐、椭圆形底罐、樽形器、钵和碗为多。陶质多夹砂褐陶，手工制作。主要纹饰有拟像动物形纹、抽象几何形纹和之字形纹。

其中，在小山遗址的一件樽形器上，发现了非常珍贵的猪龙、飞鹿和高冠神鸟图绘。该樽形器直领圆唇，腹部扁鼓，下接假圈足，器表打磨光亮平滑，饰有极其精美的飞鹿、猪龙和神鸟等多种灵物图案。

器中飞鹿肢体腾空，背上生翼，长角瀚目，神态端庄安详；猪龙为猪首蛇身，尖吻上翘，巨牙上指，眼睛细长，周身有鳞，神鸟奋翼冲天，巨头圆眼，顶上生冠，长嘴似钩，这三种灵物都引颈昂首，首尾相接，凌空翻飞。

另外，在南台地遗址的一件陶器，腹部饰有两只鹿纹，也是首尾相衔，做凌空腾飞之状，后部好像鱼尾，尾上三角处，有一半圆形图案，外围有一圈向心射线，有如一轮金光四射的太阳。在躯干和四肢部位，有精心刻画的细网格纹，两格之间仅距一毫米，完全等距，十分准确精致，令人叹为观止。

赵宝沟文化遗址中有一件带神鸟纹的陶樽，被誉为"陶凤杯"。陶凤杯上的凤头冠、翅、尾的造型与中华传统的"凤"极为接近，已经将凤的特征完全显现，这在史前文物中还是首次发现，被誉为"中华第一凤"。

如此说来，赵宝沟文化磨光陶樽上的动物灵物图案，在某种意义上又可以视为我国最早的龙凤呈祥图案。猪首蛇身尊形器是我国发现最早的中华龙崇拜的实证之一，说明内蒙古地区也是探求中华龙起源的重要发祥地。

2006年，赵宝沟文化遗址被列为第六批我国重点文物保护单位。

1971年"红山玉龙"在赤峰发现后，被考古学界公认为"中华第一龙"，史学界和考古界为之震惊。可以认为，中华民族龙崇拜的起源，与赤峰地区关系极大。

2003年，在翁牛特旗解放营子乡北山村一户农民家中，当地青年企业家张军发现了陶凤杯并收藏，2004年，张军将他多年来收藏的2894件文物捐赠给赤峰市政府，陶凤杯是捐赠文物之一。

这是赵宝沟文化时期首现"神鸟"的灵物图像，经内蒙古自治区文物鉴定委员会专家鉴定，陶凤杯被初步认定为国家一级文物。自治区文物专家称：属于赵宝沟文化的陶凤杯堪称国宝级文物，它是出现在我国有关"凤"的最早的实物资料。

知识点滴

产生"中国龙"的红山文化

  红山文化是距今五六千年前一种在燕山以北，大凌河与西辽河上游流域活动的部落集团创造的农业文化，因发现于我国内蒙古自治区赤峰市郊的红山遗址而得名。

  红山文化中"中华第一龙"红山玉龙的发现，不仅找到了"中国龙"的源头，也充分印证了我国玉文化的源远流长。

  中华民族向以"龙的传人"自居，龙的起源同我们民族历史文化的形成和文明时代的开端紧密相关。红山玉龙对于研究我国远古的原始宗教和总结龙形发展的序列都有着非比寻常的意义。

红山位于内蒙古自治区赤峰市东北郊的英金河畔，蒙古族人叫它为乌兰哈达，汉语意为"红色的山峰"，原名叫"九女山"。

传说远古时，有9个仙女犯了天规，西王母大怒，九仙女惊慌失措，不小心打翻了胭脂盒，胭脂洒在了山上，因而出现了9个红色的山峰。所以，后来都叫它"红山"。

红山文化遗址的这条玉龙墨绿色，高26厘米，完整无缺，体蜷曲，呈C字形。吻部前伸，略向上弯曲，嘴紧闭，有对称的双鼻孔，双眼突起呈棱形，有鬣。

玉龙的背正中有一小穿孔，经试验，若穿绳悬起，龙首尾恰在同一水平线上，显然，孔的位置是经过精密计算的。

红山玉龙造型独特，工艺精湛，圆润流利，生气勃勃。玉龙身上负载的神秘意味，更为它平添一层美感。由于玉龙形体硕大，且造型特殊，因而它不只是一般的饰件，而很可能是同我国原始宗教崇拜密切相关的礼制用具。

玉龙以一整块玉料圆雕而成，细部还运用了浮雕、浅浮雕等手法，通体琢磨，较为光洁，这都表明了当时琢玉工艺的发展水平。

另外，在内蒙古敖汉辘轳板壕、克什克腾旗好鲁库石板山、阜新胡头沟等地红山文化遗存中也发现了数批玉雕龙、大型勾云佩等红山文化玉器。

我国古文献记载的熊、龙、龟、云、鸟等黄帝图腾，均有红山文化玉器与之对应。这些图腾性玉器反映了5500年前红山先民的生产、生活、生育情况，而玉龙玉凤则是红山最尊崇的玉器。

在辽宁省朝阳市凌源、建平两县交界处的牛河梁村的红山文化遗址中，人们还发现了一座女神庙，庙中有一尊完整的与真人一样大的泥塑女神头像，女神头像旁边还有6个大小不同的残体泥塑女性裸体群像。

尤其是女神上臂塑件空腔内带有肢骨，因遭火焚多成灰渣，但很有可能是人骨。这就不单单是艺术造型了，女神头像可以作为研究古代中华人种学和民族史的典型标本，它使亿万中华子孙第一次看到用黄土模拟真人塑造的5000年前祖先的形象。

古籍记载中，女娲的第一大功劳就是"抟黄土做人"。而牛河梁女神带有肢骨的塑件，与古籍记载有惊人的相似。辽河流域牛河梁女神庙可能就是当时的原始古国对女娲的一种回忆、崇拜。

在距离牛河梁女神庙1000米的地方，有一座全部是人工夯筑起来的小土山，夯土层次分明，形状为圆锥形、小抹顶。上面是用3圈石头围砌起来的，每一层石头伸进去10米，高度为1米，山下面也用3圈石头围砌起来。

围绕小土山周围的山头上，还发现有30多座积石冢群址，整个积石冢群都是圆锥形、大抹顶，和古埃及的金字塔相比，布局是一样的，称为"中国的金字塔"。

从"金字塔"顶向四周望去，女神庙遗址与"金字塔"在一条南北线上，而东西两侧的积石冢群址与"金字塔"等距离地排列在一条线上，这种布局使人明显地感受到"金字塔"的中心地位。

"金字塔"山上到处散布着带有红山文化特征的"之"字纹彩陶片以及冶铜坩埚片。而"金字塔"顶部是炼铜遗址，这些与"女娲补天"神话传说中女娲炼五色石的情节十分吻合。

大"金字塔"周围的小"金字塔"群中有大批玉器。一座积石冢的中心大墓里有一具完整的男性骨架，头部两侧有两个大玉环，胸前佩戴着双龙相交的勾云形班次佩，头的上部有玉箍，腕部有玉镯。

同时，死者双手各握一玉龟，一雌一雄，相配成对。这对玉龟可能是当时的氏族部落集团的图腾崇拜物或保护神。

在另一座积石冢里，有20余件玉器，死者胸部也佩置一碧绿色玉龟。这两座积石冢中出土的玉龟均无头无尾无足，浑然一体。这个无头无尾无足的玉龟也与神话传说中女娲补天时"断鳌立极"相契合。

老哈河东岸的敖汉旗白斯朗营子村南，四棱山前起伏不平的沙丘上，有一处红山文化的窑场，共有6座窑址。从这些结构各有差异的陶窑及出土的陶器来看，制陶业已经有相当大的规模了。

红山文化的陶器有泥质红陶、夹砂灰陶、泥质灰陶和泥质黑陶四类。饰细绳纹、刻画纹和附加堆纹，由细绳纹组成的菱形回字纹已初具雷纹特征。器物为夹砂灰陶直筒罐类、钵盆和镂空豆类、壶类以及器座、盂、樽、双耳大口罐形器。晚期出现大平底盆、大敞口折腹浅盘细柄豆，并出现有彩绘陶。

红山文化的磨制石器和细石器共存，有打制石器，有四边起棱、横截面呈长方形的磨制石斧、石耜，出现磨光石铲，细石器有石镞和骨柄刀的石刃。石刃加工精致。联系陶器上出现的猪首陶塑，反映其经济生活为农牧结合兼营狩猎。

朝阳田家沟红山文化墓地群有4个墓地地点，墓葬中的一件蛇头形耳坠在红山文化的玉器当中是第一例，这和《山海经》的珥双蛇的记载相关。

红山文化出土的猪

龙玦形器，在辽宁、内蒙古和河北等地均有发现，它可能是由猪的形象再度被神格化所衍生而来的，或者是"龙"在早期神话传说阶段的形象。

红山文化遗址还出土了鸟、龟、虎形佩和鱼形石坠等小型的动物形象作品，它们主要是用玉或绿松石雕刻而成的。

另外，猫头鹰是红山文化主要图腾崇拜物，玉猫头鹰在红山文化出土数量最多。

红山文化时期，人们恐惧黑暗，希望在黑暗中看清一切；希望能够像鸟儿一样飞起来避免受到伤害；又希望像雄鹰一样轻易地捕捉到猎物。

而猫头鹰具备这一切优势，猫头鹰是辽西地区普遍存在的猛禽，又给人以通达天地阴阳的神秘感。所以，红山文化时期先民们寄希望于猫头鹰能够给予自身与自然界抗争的神奇力量。

红山文化代表了已知的我国北方地区史前文化的最高水平，使中华文明起源史、中华古国史从4000年前提早到5000年前。

红山文化的发现，也使西辽河流域与黄河流域、长江流域并列成为中华文明的三大源头，被称为"东方文明的新曙光"。

知识点滴

20世纪初，赤峰当地喀喇沁蒙古王公聘请了一位叫鸟居龙藏的日本学者来讲学。他越过巴林左旗来到了红山，在附近地面上发现了一些陶片。

1930年冬，梁启超的儿子梁思永从美国留学归国后，开始研究考古学，他收集了一些鸟居龙藏的资料后，参加了中国科学院考古组，到过林西、沙拉海、锅撑子山一带，发现了一些陶片。

新中国成立后，梁思永任中国考古所副所长，为我国考古学家尹达出版《中国新石器文化》一书作序。两位学者论述了东北这一文化现象，属于长城南北接触产生的一种新文化现象，并提出定名为"红山文化"。

1971年，内蒙古赤峰翁牛特旗三星他拉村在植树时，意外挖掘出一件大型碧玉雕龙。这条玉龙被考古界誉为红山文化象征的"中华第一龙"，赤峰也因此被誉为"中华玉龙之乡"。

桂林历史之根的甑皮岩文化

甑皮岩文化是发现于广西壮族自治区桂林独山西南麓洞穴的新石器时代早期文化，距今10000年至7450年。甑皮岩文化确定了生活在甑皮岩原始人的具体年代。

甑皮岩文化是华南地区新石器时代早期非常有代表性的文化，不仅出现的时间早，而且存续时间长，达5000年之久，它甚至比河姆渡文化和半坡文化延续时间都长，而且它本身在原地不断进化。因此被称为"华南及东南亚史前最重要的标尺和资料库之一"。

甑皮岩位于独山西南山脚，这里地势开阔，山林茂密，水池荡漾，远古时代的甑皮岩一带蕴藏着十分丰富的动植物资源，为先民们提供了充足的食物来源，加上适宜的宽敞洞穴和温暖的气候，甑皮岩先民得以在此生生不息。昔日的甑皮岩，不愧为远古先民的乐园。

甑皮岩遗址是新石器时代桂林先民的一处居址和墓地，在这里，人们一共发现了29座人类墓葬，有人类骨骼30具。

据对洞穴内发现的30具古人类遗体进行测定，这些古人的死亡年龄一般在四五十岁之间，个别甚至超过60岁。其中确定6例为成年男性，5例为成年女性，3例为幼童，其中中年或老年10例，壮年1例。至少有4例头骨可看出比较明显的人工伤痕。

墓葬中有一处石器加工点及火塘、灰坑等生活遗迹，还有打制和磨制石器、穿孔石器、骨器、角器、蚌器等数百件。

蚌壳的年代为距今11000年上下，说明这是一处位于岭南的新石器时代文化遗址，年代竟然超过万年。

另外墓葬中还有捏制和泥片贴筑的夹砂和泥质陶器残片上万件，以及人类食后遗弃的哺乳类、鸟类、鱼类、龟鳖类、腹足类和瓣鳃类动物骨骼113种。兽骨分别为虎、棕熊、爪哇豺、水獭、麝、獐、黄牛、羊以及犀牛等。

甑皮岩遗址的猪不是野猪，而是人工饲养的家猪，是我国境内年代最早的。但是，尚处在驯化的初级阶段，可见甑皮岩人的饲养业并不兴旺。

甑皮岩遗址的动物群非常丰富，因此被特殊命名为"甑皮岩遗址动物群"。其中的哺乳类动物均属于喜暖动物，由此可见，那时桂林地区的气温比如今桂林要高些，而与现在云南西双版纳的气温近似。在桂林鹿科中，发现一种新属种，已定名为"秀丽漓江鹿"。

由此可见，甑皮岩居民的经济方式是以狩猎、采集和捕捞为主的综合经济，但逐渐掌握了家畜饲养技术，开始驯化猪，并可能在距今7000年前有了原始的农业生产。

这些遗迹、遗物依地层和文化特征可划分为五期，由此可勾勒出公元前10000年至前5000年间桂林原始文化的发展轨迹。

在第一期发现一件破碎的捏制夹粗砂陶容器，是我国发现的最原始的陶容器实物之一，年代在公元前10000年至前9000年。

在第二至第四期的陶器大部分用泥片贴筑法制坯，露天堆烧法烧制，显示出公元前9000年至前6000年间桂林陶器制造技术的发展。

第五期进一步出现用慢轮技术修坯泥质陶器，纹饰除传统的绳纹、篮纹等编织纹外新出现式样繁多的刻画纹、戳印纹、捺压纹，如干栏纹、水波纹、曲折纹、网格纹、弦纹、乳钉纹、篦点纹、附加堆纹等，器形富于变化，有罐、盆、钵、圈足盘、豆、支脚等器类。

第五期的磨光石斧、石锛、石矛、石刀、骨镖、骨镞、骨锥、骨针制作精良，蚌匙全国仅见。第五期文化代表了公元前6000年至前5000年间桂林史前文化的最高水平。

墓葬发现于第四五期，墓坑形状均为不太规则的圆形竖穴土坑墓，葬式为其他地方少见的屈肢蹲葬，人骨架多数保存较好，一些头骨上有人工穿孔。

研究表明，"甑皮岩人"属于南亚蒙古人种，并且具有非洲赤道人种的一些特征，是现代部分华南人和东南亚人的祖先，也有可能古代桂林人是东非走出来的晚期智人的一支。

甑皮岩洞穴遗址出土的大量遗物，给人们展现了一幅桂林原始居民的生活图景。他们集体劳动，过着以渔猎和采集为主的生活，后来则过渡到农业和驯养开始萌芽的阶段。由于当时的人类使用的工具主要还是石器，生产力十分低下。

那时，青壮年的男人成群结队，手持木棒、石矛等，每天出没于山野密林和湖沼河旁，围捕野兽，打捞鱼虾，而妇女主要从事采集、制造陶器、养老抚幼等活动。

在甑皮岩先民的葬俗中有妇婴合葬的现象，一个中年妇女葬后，又将先葬于其他地方的一个婴儿迁到妇女身边合葬，这种情况表明甑皮岩先民尚处于母系氏族社会阶段。

另有两座墓葬中成年女性遗骸上撒赤铁矿粉末的现象，这和旧石器时代的北京山顶洞人的遗风一样，是一种隆重的葬礼，更说明妇女在当时享有崇高的社会地位。

甑皮岩不同地层的堆积反映了不同时期远古先民的文化面貌和生产力状况。因此，从某种意义上来说，甑皮岩遗址就是一本史前文化的编年史。

1965年，桂林南郊的大风山小学，人们想利用附近独山下一个叫甑皮岩的天然洞穴构筑防空洞，为此组织了一次爆破。几声爆炸过后，人们惊奇地发现，碎土中暴露出许多人骨、人牙、兽骨和陶片。

1973年至1975年，由广西壮族自治区文物工作队和桂林市文物管理委员会进行抢救性发掘并定名为"甑皮岩文化"。

2001年，桂林市甑皮岩遗址被确定为全国重点文物保护单位；2002年，获得国家文物局颁发的国家田野考古二等奖。

知识点滴

台湾大陆之桥的凤鼻头文化

　　凤鼻头文化分布于我国台湾省中南部海岸与河谷地区，跨越分布在台湾岛西海岸的中南部，自大肚山起向南到台湾岛南端及澎湖列岛。其年代在公元前2500年至公元1600年左右。其典型代表是高雄林园区凤鼻头遗址。

　　凤鼻头文化呈现了台湾西南部史前文化的发展。就类型而言，这一文化在时间上可分三期：自公元前2500年至公元前1500年左右为第一期，自公元前1500年左右至公元初年为第二期，自公元初年至十六七世纪汉文化大量传入为第三期。3个时期的文化遗存，都呈现着鲜明的大陆风格。

凤鼻头也称"中坑门"，位于高雄林园区中门里中坑门聚落北侧，凤山丘陵南端前缘缓坡处，为一处海升后冲积平原所形成的台地，至今约有3500年至2000年的历史。

凤鼻头遗址有新石器时代早期至晚期之大坌坑文化、绳纹红陶文化、夹砂红灰陶文化及凤鼻头文化等不同文化，遗址面积也非常广泛，是台湾地区重要的史前遗址之一。

第一期以细质红陶为主要特征，分布于大肚山至鹅銮鼻台湾西海岸的中南部。代表性的遗址有台中牛骂头遗址下层、南投草鞋墩遗址、高雄凤鼻头遗址的中层、屏东的垦丁和鹅銮鼻遗址。

在遗址的居住区，发现一处房子的遗迹，长方形，东西向，看上去是干栏式建筑。在台南的一个遗址里，还发现了粟粒遗迹。

从农具和粟粒看，那时台中、台南的远古居民的生活，已经从以采集渔猎为主，发展到以农耕为主，兼营渔猎。墓葬中已有石板棺，还有精致的陶器作为殉葬品。一些齿骨上有了拔牙的痕迹。

这一带红陶质地细腻，不含粗砂，色泽橙红或深粉红。橙红的多磨光，深粉红的多未经研磨。从制作工艺看，多以泥条或泥环盘结叠筑，外面抹平。

陶器纹饰有绳纹、席纹、刻画纹和附加堆纹，个别陶片上还绘有深红色的勾连形图案或平行线。

陶器的器形主要有碗、壶、瓶、罐、鼎等。这些红陶酷似祖国大陆东部沿海原始文化遗存。

如果将凤鼻头文化与我国青莲岗文化，特别是较早期的青莲岗和马家浜文化中的红陶陈列在一起，人们会惊异地发现：海峡两岸，原来竟是一群"同胞姐妹"。所不同的，只是来自凤鼻头的一群更"年轻"一些。

第二期以素面和刻纹黑陶为主要特征，广泛分布于台湾中南部各地。代表性的遗址有台中营埔、南投大马璘、台南牛稠子贝丘、高雄大湖贝丘、桃仔园贝丘以及凤鼻头贝丘的第三四层等。

从遗址的分布与遗存看，这种黑陶文化所使用的自然资源要比红陶文化为广：

其一，黑陶文化的遗址不仅分布于海岸和河口的台地，而且深入了河流的中游地区与高地。

其二，黑陶文化遗址处有很多贝丘，说明这个时代的住民对自然资源利用的规模，比上一时期显著扩大了。

其三，黑陶文化在岛内各地的变异较大。尽管名之为黑陶，在同一风格之下，却还有红陶、橙黄陶、彩陶、棕陶等各种形制。

这种变异应视为各遗址住民对本区域特殊资源的充分开发和利用所致。黑陶文化的标志性器物是各遗址均有发现的黑皮磨光陶。该陶通体打磨、光泽黑亮、质硬胎薄，最薄的仅二三毫米，显示了较高的制作水平。黑皮磨光陶以轻便和单位容量大而著称。

另外，在制作技术方面，黑陶文化中首次显示了使用慢轮修整的痕迹，这对于台湾地区来说是一个不小的进步。

凤鼻头文化第三期以印纹和刻画纹灰黑陶为主要特征，它们所代表的年代大约在公元初年至十六七世纪之间，由于年代的晚近和汉文化的大量涌入，台湾这一期的原始文化遗存大都被近、现代文化的潮水淹没了。

从出土的陶器看，其特征为灰、黑几何印纹陶，以方格纹为主。这种陶器不仅与华东青莲岗、福建昙石山出土的几何印纹陶属于同一类型，而且在我国江南地区分布极为广阔。

几何印纹陶的创造者是古越族，越族第三次大举赴台是公元前110年以后的事情，这一时间与凤鼻头第三期文化的考古年代大致相合。而且很有可能，渡台之后的越人与大陆越人始终保持着经常的联系，这种民族交流必然促进文化的交流。

凤鼻头文化第三期陶器遗存有限，但在上述各遗址中却普遍伴存着铁器和玻璃珠。这说明台湾平埔人与汉人颇有渊源，受汉文化影响深重。其铸铁技术是由大陆传入无疑。

从凤鼻头文化的发展不难看出，台湾的古文明和祖国大陆东南、华南地区的古文明属于同一文化系统，是光辉灿烂的中华文化中的一部分。

很早以前，人们在凤鼻头挖掘壕沟时，发现了古代文物。

经发掘后得知，凤鼻头遗址有大坌坑文化、绳纹红陶文化、夹砂红、灰陶文化等不同文化，遗址面积亦广，为台湾地区重要的史前遗址之一。

1991年，黄士强与刘益昌两位教授针对遗址范围与文化做研究，其所出土的遗物为台湾南部地区较早发现的，并含有新石器时代早期至晚期之大坌坑文化、牛稠子文化凤鼻头型及凤鼻头文化3个文化层，呈现台湾西南部史前文化之发展。

云南文明起点的白羊村文化

    白羊村文化位于云南宾川城东北的金牛镇桑园河东岸白羊村，属于我国西南洱海地区公元前2200至前2100年的新石器时代文化，是我国云贵高原地区所知年代较早的以稻作农业为主的文化遗存。

    白羊村文化遗址是滇西洱海地区内涵比较丰富、文化特征鲜明的一处典型遗址，也是云贵高原地区年代较早的以稻作农业为主的文化遗存。它是宾川文明的起点，也是云南文明的起点之一。

    宾川盆地位于洱海之东、金沙江之南的宾居河沿岸，四周高山环抱，宾居河由南向北注入金沙江。气候炎热，无霜期长，土质肥沃，宜于农耕。

白羊村遗址位于宾川县城东北的宾居河东岸，系一河旁台地。遗址面积约3000平方米。1973年发掘了290平方米。文化层厚达4.35米，分为早晚两期。

在发掘区内，发现房址、火塘、窖穴、墓葬等遗迹现象。遗址出土的遗物有陶、石、骨、角、牙、蚌器共516件。石器以磨制为主。

遗址共发现房址11座，均为长方形地面建筑，一般面积10多平方米。四周立木柱，柱间编缀荆条，两面涂草拌泥构成墙壁。

这些房址早期墙基多开沟槽，沟底挖柱洞。晚期墙基无沟槽，直接在地面上挖柱洞，或是在四周地面上铺垫石础，再立木柱。

还发现有残存灰白色粮食粉末和稻壳、稻秆痕迹的窖穴，多分布在房址附近。另外遗址多处发现猪、狗、牛、羊等家畜的遗骨。

白羊村文化有墓葬34座，均属晚期，都无随葬器物。葬式复杂多样。24座竖穴土坑墓中，除二次葬和完整骨架的单人、双人仰身直肢葬外，以仰身直肢或屈肢的10座无头葬最为突出特殊。

无头葬这种现象是祖先头颅崇拜把死者头取下供奉所致，或者是猎头习俗或战争频繁造成的。无头葬主要是成年男性，也有成年女性

和小孩；多数为单人，有的则是2人、3人以至多人的合葬。

白羊村文化遗址墓葬中还有瓮棺葬10座，绝大多数为幼童，个别的是成人瓮棺二次葬。

白羊村遗址发现生产工具中，石刀数量众多且独具特色。其中收割用的新月形穿孔石刀最具特色，它以新月形凸刃双孔或单孔石刀为主，少数为穿孔圆角长条形。

陶器处在手工制作阶段，陶器均夹砂，褐陶最多。绳纹、划纹较普遍，还有富于特点的点线纹和篦齿纹，器形有罐、圜底钵、圜底匜、弇口缸等。

白羊村遗址文化特征主要有四点：一是以石斧、锛、刀、镰和制作精细的各式石镞为主要代表；二是陶器以夹砂陶为主，手制，仅晚期个别器物口沿有慢轮修整痕迹。器形以各式陶罐、大陶缸、浅腹大平底陶皿、圜底钵、陶匜为典型器物，亦有少许圈足与三足器；三是

房址系长方形的
地面木构建筑，
早、晚期均有排
列密集的木柱，再编
缀荆条，于两面涂草拌泥
而成木胎泥墙。晚期出现
铺垫石础的房址；四是成人
墓的葬式多样，其中无头葬式
尤为独特，幼童并行土坑葬与
瓮棺葬，均无随葬品。

　　白羊村遗址中的古稻谷是云南出土较早的古稻谷之一，它填补了多项空白，在亚洲栽培稻起源研究中占有十分重要的地位，再次充分证明了我国稻作栽培的悠久历史。

知识点滴

　　1972年春，白羊村农民发现白羊村遗址。1973年和1974年，考古工作者开始发掘。

　　2006年，白羊村遗址作为新石器时代古遗址，被国务院批准为第六批全国重点文物保护单位。

　　为了更好地保护好这一珍贵的文化遗产，2010年，宾川县编制了《全国重点文物保护单位宾川县白羊村遗址文物保护规划》。提出在原址上建白羊村文物管理中心，金沙江及洱海地区史前文化的重要展示地，并将其建成宾川仅次于鸡足山的重要旅游目的地、云南省爱国主义教育基地及文物保护和旅游为一体的文物展示基地。